六次产业理论
与创新驱动发展

张来武　著

人民出版社

目　录

下　篇　创新驱动发展

前　言

　　信息化知识化将人类社会带入了科技日新月异和商业模式不断迭代的创新时代，人类从工业经济形态向信息知识经济形态过渡就成为历史的必然。与此同时，伴随着"脱农化工业化"的三次产业理论已经过时，以六次产业理论为核心创新经济学开拓发展必将成为经济学以及关联学科的最紧迫最重要的前沿研究。《六次产业理论与创新驱动发展》一书出版就是为六次产业理论以及创新经济学系统发展奠基和开辟道路。

　　本书分为上下两篇，上篇给出六次产业理论的基本框架和方法，下篇是六次产业理论的最重要实践应用——对创新驱动发展的一些理论思考和实践探索。

　　以往的经济学及其三次产业理论本质上是工业化的经济学。它因对产业分工和竞争的经济规律的揭示，促成了人类经济形态的"脱农化"，卓有成效地推进工业化。又因其产权理论和资本市场发展造就了科技金融深度结合和资本产品的双重经营，它带来了工业经济的高效和繁荣，也孕育了信息经济、知识经济的新的经济形态。这新的经济形态却让传统的经济学变得无所适从。从美国最近的金融危机到中国的艰难转型便让经济学家们一筹莫展。从著名的信息经济中的摩尔定律到大数据、云计算再到区块链的出现，让传统经济学的固定生产函数求最大化方式难以为继。面对技术的迅速更替，科学知识信息可以直接进入生产经营，产业融合在经济系统中日趋广泛，产业融合和产业分工并存，分享经济中第四、第五、第六产业异军突起，六次产业理论应运而生。

六次产业理论不仅要求在一、二、三产业中关注产业分工和竞争，更要求在四、五、六产业中关注产业渗透和融合，实现合作和利益共享。由于分享经济直接挑战了经济人自私的假设，公理化、系统论特别是合作博弈论方法将成为创新经济学及其六次产业理论的主要方法。另外，第六产业的系统经营属于再次经营，它的生产函数应是复合系统函数，而这个系统函数不再局限于传统经济学的可以求极值的函数，它或许是大数据揭示的某种关联关系，又或是由区块链中的某种共识机制所代表的智能合约和系统算法，这些都有待于深入研究。

本书下篇写的是六次产业理论应用于创新驱动发展。事实上六次产业理论就是创新驱动发展的产业经济学。它的重要的两个实践来源是中国科技特派员制度和日本的六次产业化。因此它最重要的应用是作为重中之重的"三农"问题，其最直接的应用就是推动一、二、三产业融合，发展农业第六产业，实施乡村振兴，开辟创新驱动城乡一体化发展的新途径。

六次产业理论对创新驱动发展的另一个重要应用是正确理解和贯彻党的十九大关于创建新时代的现代产业体系以及经济制度的要求。因为创新时代的产业体系不是三次产业而是六次产业，最重要的供给侧不再是土地、资金、劳动力等要素及其组合，而是信息知识数据和人力资本的供给，是生态环境、社会网络和人文修养等社会资本和公共平台的供给，是满足人们精神需求和美好愿望的文化资源和创意的供给，是先发优势所需的创新政策体系的供给。

"惠民生，调（经济）结构，抓（产业）升级"也要在六次产业理论引领之下进行。纵观世界经济格局，最具冲击力的是发展第四产业（互联网⊕），最具潜力的是发展第五产业（文化创意⊕），最关键的是利用以互联网⊕为代表的第四产业平台，以文化创意⊕为代表的创意创新融合传统一、二、三产业，形成第六产业。

第六产业不仅是六次产业中最高产业层级，它可用基于市场竞争形成产业融合的系统经营高效合理调整经济结构，还可用第六产业的解决方案解决城乡二元结构、食品安全、健康养老、生态环保等一系列民生问题和战略问题，值得提出的是惠民生的第六产业解决方案的精妙之处，不仅在于它的系统方法，还在于其系统是企业、政府和社会"第三方力量"（比如企业联盟）的合作共治分享。

本书的出版是作为复旦大学六次产业研究院的开山之作，是复旦大学六次产业研究院和西北农林科技大学六次产业研究院两院（以下简称"六产两院"）的系列丛书第一本。以此感谢复旦大学许宁生校长的远见卓识。他与复旦大学相关部门和领导一起率先支持六次产业理论首创研究发展。本书原是以笔者关于六次产业理论和创新驱动发展的论文和演讲汇集而成，以尽快满足企业家、科技特派员、教学科技人员和地方官员的需求，现在以著作的方式出版。首先感谢王小林教授作出的大量的整理工作。还要感谢楼国强先生最早带领了六产两院的研究生同学们参与了校对。最后我想感谢我的家人不断地鼓励和支持，特别是邓晓力女士和张庆武先生，他们常常直率地质疑六次产业理论与应用的各种问题，与笔者探讨、促使笔者的研究不断深入，从而见证写书全过程。

张来武

2018 年 3 月 16 日于复旦大学

上　篇　六次产业理论

第一章　六次产业理论概念框架

　　六次产业理论是在对中国以往改革实践的总结和反思中创建的，同时又是在全球创新时代，特别是信息社会和知识社会，用系统经营的思想对产业融合形成的一套有别于工业经济形态的新理论体系，它对一些关系国计民生的重大问题，比如城乡二元结构、食品安全、健康养老和生态环保问题都能提供一套全新的战略并落地的解决方案。事实上，六次产业理论将开拓创新时代的创新经济学。本章通过对六次产业理论的回顾，以及一些最新发展的介绍，为读者提供一个全局性的概要。

一、六次产业理论是创新经济学的产业经济学

　　当人类社会从工业经济形态走进信息经济、知识经济形态时，三

次产业划分理论已经不能完全适应信息化知识化的创新时代。与之前时代相比，信息经济、知识经济时代的特征在于，它不仅需要产业分工发展规律的研究，更需要产业融合的共享规律的探索。创新的日新月异让经济学家无法通过固定生产函数模型的最优化来信步闲庭，我们需要创建集产业分工和产业融合于一体的六次产业理论和创新经济学来解释和指导这个新时代。

（一）三次产业划分理论是"脱农化即工业化"的产业经济学

三次产业分类法是由新西兰经济学家费歇尔于 1939 年首先提出的对产业部门的划分方法。英国经济学家、统计学家克拉克在费歇尔的基础上，采用三部门分类法对三次产业结构的变化与经济发展的关系进行了大量的实证分析，总结出三次产业结构的变化规律及其对经济发展的作用。费歇尔和克拉克的三次产业划分是基于当时先进的资本主义国家正处于"脱农化"和"工业化"的时代背景，将农业和工业（即第一和第二产业）以外的产业部门，统统归集为第三产业。

随着知识经济的发展、信息技术的广泛应用，三次产业的边界愈趋模糊，产业融合在整个经济系统中越来越具有广泛性，是在实践上对传统产业分工理论的颠覆性的突破。当出现产业融合后，已有产业政策由于不同产业间企业竞争合作关系的复杂化而逐渐失去原有的效力，并可能严重阻碍企业重组、产业调整升级和经济的发展。因此，我们不能一直沿用 20 世纪 30 年代和 40 年代的理论来指导 21 世纪人类的经济行为，必须不断地完善和发展产业层次划分理论，以新的产业划分理论来破解中国创新面临的挑战，促进经济的转型升级。

（二）六次产业划分理论是创新时代的创新产业经济学

六次产业划分理论认为，传统的三次产业划分的依据是物质生产中加工对象的差异性。依据劳动对象和产业任务的不同，可以将国民经济划分为六次产业，即获取自然资源的产业（第一产业）；加工自然资源以及对加工过的产品进行再加工的产业（第二产业）；获取并利用信息和知识资源的产业（第四产业）；获取并利用人力资源和文化（包括科学文化）资源的产业（第五产业）；跨产业间融合的系统经营形成的综合产业，特别是传统农业向第二、三产业延伸形成的产业（第六产业）；为其他五大产业及社会生活提供服务的产业（第三产业）。

第四产业是基于互联网平台，获取并利用信息和知识资源的产业，用时下流行的话来说就是"互联网⊕"，即"互联网⊕各个传统行业"，但这并不是简单的两者相加，而是充分发挥互联网在社会资源配置中的优化和集成作用，将互联网的创新成果深度融合于经济、社会各领域之中，提升全社会的创新力和生产力，形成更广泛的以互联网为基础设施和实现工具的经济发展新形态。因此，本书用"互联网⊕"区别于"互联网 +"。

第五产业是获取并利用人力资源和文化（包括科学文化）资源的

产业。第五产业由三条基线构成。第一，从品牌培育到直接满足人们精神需求的产品。第二，系统经营（第六产业）的策划设计。第三，通过创新教育生产人力资本和人工智能产业。如果可以将文化创意融合在各领域之中，提升各行各业的产品和服务品质，塑造品牌、增加附加值、提升市场竞争力，则能够更好地为经济结构调整、产业转型升级服务，为扩大国内需求、满足人民群众的美好生活需要服务。文化创意产业可以称为"文化创意⊕"。

第六产业是跨行业融合实现系统经营形成新的综合产业。它是以第四产业的信息技术为基础，通过第五产业的创意创新开发，进行跨行业特别是一、二、三产业融合，从而形成的新的产业业态，即第六产业。

六次产业理论的核心点是产业融合和系统经营。而三次产业理论分裂了第一、第二和第三产业。六次产业划分是一个理论体系，第六产业是产业结构的最高形态，其最典型的是在发展一、二、三产业基础上，经互联网及创意产业促成融合，实现系统经营，形成第六产业。

六次产业理论是一个新时代的经济学。由信息化带来的知识经济的新时代，我们也同时称之为创新时代。我们可以把这样一个新的经济学理论叫作创新经济学。六次产业理论就是创新经济学的产业经济学。

为什么要这样划分？信息化社会中有一个令人震惊的摩尔定律，摩尔定律告诉我们，随着技术快速更新，任何信息化的新产品其性能在 18 个月提升一倍，因此可以用便宜一半的价钱去买它。这是技术变化引起的产品价格的体现。这就相当于18个月这种信息的制造业及其服务业，技术毁灭一半。也就是说，你的旧技术被新技术取代、毁灭一半。作为经济学家，需要去分析这个深刻的时代背后的规律。传统的经济学，包括新古典主义，是如何研究这种时代的经济学？传统经济学的最通行的办法就是把生产函数写出来求最大化。然而，关于生产函数，求极值的前提条件是假定技术固定不变，如果技术在18个月就改变了，此时求极值就变得没有意义。过去在工业技术时代，可能是18年你可以这么做，那么在新信息时代，18个月甚至18天都不可以这么做。这就意味着工业经济向信息经济时代转变的时候，就像当年农业经济向工业经济转变的时候，产生了三次产业理论，现在三次产业理论需要变革，六次产业理论必将脱颖而出。

随着信息化进入大数据时代，高度互联促进了世界的快速发展，但发展的潜力远没有开发出来。这将依赖于大数据更深刻地揭示和应用关联关系，它将颠覆因果分析的方法。我们是否可以寻找到关联函数来取代经济学的生产函数呢？区块链或将成为第六产业的关联系统的关联函数方法论之一。

二、六次产业理论的实践与理论渊源

六次产业理论有三个基础性来源：第一，中国的科技特派员制度和日本的六次产业化。第二，第四产业已经诞生。第三，三螺旋创新理论。

（一）六次产业理论主要的实践来源

20世纪90年代中期，日本的农业专家今村奈良臣最早提出了"第六产业"的概念，寓意为一、二、三产业之和、之积均等于六，其目的是鼓励农业生产者搞多种经营和搞种植养殖、加工、销售、服务全链条经营，借此延长农业价值链，增加农民收入。因为他搞的是一、二、三产业之和、之积，是拼盘，并不是系统性融合，因此并没有形成新的产业，即"第六产业"。事实上，与20世纪最后10年的最高水平相比，进入21世纪以来，日本农民收入出现较大幅度下降，2008年甚至达不到1995年的一半。这是零售超市势力不断做大造成的冲击，为此2010年日本政府正式实施了"六次产业化"战略举措。但是"六次产业化"不同于在第四、第五产业概念基础上形成的六次产业理论。

在中国，"六次产业"、"第六产业"对于大众也是相对陌生的概念。不过20世纪80年代，钱学森先生曾预见过第六次产业革命，提出第六产业的概念。如果到内蒙古去探访钱学森治沙的基地，我们依然可以看见当年的旗帜，这算是我们最早的第六产业实践。

在40年的改革开放过程中，许多地方政府也有"接二（产）连三（产）"和"一村一品"的提法。但是六次产业理论最重要的实践还是来源于中国农村科技特派员创业行动。

科技特派员制度是我们六次产业理论的最重要实践来源。2010年在科技部的倡导下，福建省南平市出现科技特派员农村科技服务，宁夏回族自治区开展农村科技创业者行动。之后，科技特派员创业行动在全国推广。经过十几年农村科技创新创业的实践形成了农业第六产业，即一、二、三产业融合发展的科技特派员制度。现在我们全国就有 84 万科技特派员。这些科技特派员遍及我国 90% 以上的县域。宁夏的枸杞产业成为享誉世界的枸杞品牌，宁夏的葡萄酒产地也能和法国的波尔多齐名，等等。这些实践都是按照第六产业理论和一、二、三产业融合的思想设计的。有很多的案例，都是在第六产业理论的指导下产生的。2016 年，在科技部牵头和十几个部委的积极推动下，出台了《国务院办公厅关于深入推行科技特派员制度的若干意见》，以政策法规的形式对科技特派员作出正式制度安排，在全国范围内推行一、二、三产业融合，即农业第六产业的发展。

新型职业农民从事第六产业的实践，职业农民在信息化条件下创新创业形成田园新城镇也可称为田园综合体。农业第六产业就是通过一、二、三产业融合，把传统的第一产业变成第六产业，让传统农民或从事某种养殖业，或自由进入城镇，让职业农民去经营智慧农业、精准农业，发展第六产业。这就是科技特派员制度的精髓。

（二）六次产业理论的信息化基础

六次产业理论的第二个基础性来源是中国农村信息化的探索。在中国的农业第六产业实践——科技特派员创业行动发展到信息化阶段时，我们进行了农村信息化探索①。我们不仅在 13 个省进行了"平台上移、服务下延，一网打天下"的宁夏农村信息化模式示范省试点推

---

① 参见张来武等著：《第四产业：来自中国农村的探索》，人民出版社 2018 年版。

广，而且发现第四产业已经诞生，从而实现产业经济学的理论突破。

我们提出了判断一个新产业诞生的"3+1"的标准。所谓"3+1"标准简单来说："1"是过去的三次产业发展规律已经不能包容这个产业；"2"是该产业具有自身特色的发展规律；"3"是该产业已发展形成产业群、品牌群，就如十月怀胎，该产业已经在母体里面孕育了十个月，已经形成新的产业形态。"+1"指的是产业上的统计。

"互联网⊕"即第四产业已经诞生"3+1"标准。

其实，在美国之前就有第四产业的概念，叫信息产业或者知识产业。这样的划分在产业分类中是不严谨的，信息产业既包含制造业，也包含服务业。任何学过范畴学的概念的人都知道，一个范畴的划分具有完备性、不可相容性。知识经济或者说知识产业体系更庞大，这样划分是不行的。

在三次产业理论下的第三产业，信息化基本上是工业化的延伸，即工业化的信息服务。但在我们的六次产业理论中，第四产业与之不同。第四产业是基于互联网的平台经济，产业规律在于点击率与资本运作的衔接。首先需要点击率，其次在点击率基础上需要集合资本参与推动平台经济的发展。从 2012 年至 2015 年，互联网服务连续 3 年在服务业增长中占到 72%，而传统的信息化服务仅占 12% 左右。这两个数据对比，昭示了第四产业在传统的信息及其服务业母体中已十月怀胎。

第四产业已经诞生。因为，存在一大批"互联网⊕"企业成为第四产业，它们具有与之前一、二、三产业不同的特征，比如盈利模式不是基于商品和服务，而是基于平台，点击量由资本运营开道；存在一大批类似运行规则的企业群；价值评估的依据不是基于传统的财务收益，而是"市售率"甚至"市梦率"；从产品运作转向资本运作而发展第五产业产品和服务，注重资本运作的接力棒，比如基金收购和上市。互联网金融发展更是日新月异，令人瞩目。不仅比特币和区块链占据 2017 年媒体头条，社交和移动支付从根本上改变了金融市场。在中国，移动支付规模现在已经超过每年 5 万亿美元。支付链中的所有环节都可能被颠覆，因为区块链、智能合约可以加快结算功能并处理清算结果。

（三）六次产业的宏观、微观基础

六次产业理论的第三个基础性来源是三螺旋创新理论。它的宏观、微观基础来源于最新的创新理论。由熊彼特开创的创新理论经由万尼尔·布什发展成线性创新理论。万尼尔·布什在 1945 年《科学：永无止境的前沿》报告中提出的"基础研究→应用研究→开发→生产经营"的研发线性模型。这个线性创新理论至今仍然支配我国的科技创新管理。如果创新的规律可由线性模型来描述，因为线性方程易解，那么创新就可以由政府部门来设计了。事实并非如此。受生命科学的双螺旋的影响，学者创立了双螺旋创新理论。在此基础上，我们提出三螺旋创新理论。三螺旋创新理论与双螺旋创新理论的区别是把科学和技术分为两个不同的螺旋。

三螺旋创新理论把科学、技术推动力和市场吸引力分别作为螺旋，三者之间相互交织。因为创新活动是三个螺旋搅拌的复杂过程。

这虽然是迄今为止最先进的创新理论，但是螺旋是什么？怎样描述，用什么工具去描述仍然是个谜。比如农业第六产业是一、二、三产业融合，它通常比一、二、三产业相加相乘要复杂得多，这里的融合是螺旋，只有在最简单情况下，才能用加号来描述。通常这个螺旋要用系统中复杂运算来处理，如在金融科技创新中要用区块链来处理。在大数据云系统中需要寻找关联函数。又例如在沙普利（Shapley）的合作博弈系统中则需要界定沙普利收益分解方法。

根据三螺旋创新理论，我们可以把创新分解为基于技术工程创新、基于客户为中心的创新、基于科学文化的创新和基于系统螺旋的创新。后两种创新分别导致第五产业和第六产业创新。

当代未来学家阿尔夫·托夫勒指出，在狩猎、农业、工业、信息社会后，要出现一个梦想社会。梦想社会的特征是以情感、精神、梦想为生活的主流。这意味着精神需求将独立成为市场青睐的高附加值的第五产业的产品，但这需要基于科学文化的创新，即一头输入文化资源和生产性科学知识，一头输出满足精神需求的产品和附加值，是第五产业的产业模式。

第五产业的另一核心功能是把跨产业的融合系统设计出来。把创新螺旋寻找出来，使得系统经营稳定高效。把不完全合约和剩余经济权系统地设计出来，使参与跨行业融合各方合理分享，联合从事第六产业的创造，这就是第五产业。

此外，第五产业还将以创新教育的形式生产人力资本和人工智能，人力资源和生产性知识走向资本、走向智能，变成能力和竞争力。

三、六次产业理论的方法论

这一节简单谈谈六次产业理论的未来发展方向。六次产业理论是一个时代的突破，是新时代的经济学，它是全面而深刻的东西。它可以从农业第六产业开始，因为这个来源于自然而且有广泛的实践，比如日本的六次产业化、中国的科技特派员制度等。但是六次产业不仅仅是农业第六产业，它是跨行业的系统经营形成的新的综合产业，都是第六产业。

因此，六次产业理论发展还需要统计学的变革。中国的统计进行过变革，原来计划经济的统计是不行的，后来进行一个三次产业的统计设计。经历过信息化以后，我们的统计又落后了，当前的共享经济已经是统计部门核算国内生产总值面临的一个典型挑战，也就是说，我们不能适应第四产业的统计，更不能适应六次产业化的统计。此外，六次产业理论也要进行方法论的创新。

（一）公理化系统的方法论

在六次产业理论中，我们要研究第四、第五、第六产业，理论上我们要研究这些产业本身的规律和方法，但是首先要研究第四、第五产业对第一、第二、第三产业的融合发展的影响途径和三螺旋创新规律。这将伴随着方法论的突破。但这个突破不是对传统方法的否认，比如说我们六次产业包含三次产业新古典主义的理论在三次产业范畴内被证明是充分有效的。因此,产业分工及其竞争理论在人是自私的理论的系统内继续有效。

作为公理化系统,在三次产业理论下我们承认这个假设,然而在六次产业中我们不承认这个假设。我们认为在信息化社会中,产业融合过程的基础是合作收益的分享,需要形成一个分享系统的公理化体系。

说公理化体系可能很多人不了解,这里举一个大家熟悉的例子。在中学的几何,我们有一个公理——两条平行线永远不相交。这个公理不是定理即不可证明的。如果有人说两条平行线在无穷远点相交,你也无法否认。因此不相交公理形成的几何称为平面几何系统,两条平行线不相交是这个平面几何系统中的公理。然而,如果我们假设说两条平行线在无穷远点相交,在这个公理基础上,我们可以发展出新的几何系统,即黎曼几何。如果没有黎曼几何,那么飞船、卫星上天都无从谈起。

(二) 合作博弈论

在以自我偏好为基础的传统三次产业理论中,我们关注的是产业的分工和竞争,但在实际的竞争行为中比最优均衡更为贴切的是纳什均衡的非合作博弈论。而在六次产业理论中,我们关注合作和利益分享,为此我们更需要合作博弈论。因合作博弈而获得诺贝尔奖的代表人物沙普利,是真正合作博弈论的先驱。他用公理化的系统,创立合作以及收益的分享理论,特别是提出了"正义"标准,并构造了一个公理，他的分享体系在学术界称为沙普利收益分解方法。用合作博弈论解决了很多现实的问题，与沙普利一起获得诺贝尔奖的经济学家罗斯发展了市场设计理论，这一理论又被称为微观工程经济学。过去的传统经济学是无法试验的，现在有很多都是可以试验的。这样的理论解决了婚配问题，解决了医生和患者之间的有效匹配问题，解决了导师和学生的合理配置问题，还解决了很多具体的市场设计问题。六次产业理论还需要解决跨行业经营系统中的企业匹配问题，这是更为复杂的匹配问题。

实际上，微观的六次产业系统设计，这些方法是非常有用的。因此能否把合作博弈论更深入地研究和应用，能不能把市场设计理论更充分地应用在六次产业理论中，能不能研究系统经营的最基本的理论创新。比如说，产业融合的产融理论。产业融合在原来是十分不充分的，因为企业联盟容易失败，它很难融合，所以我们就要创新匹配设计理论。

（三）第六产业生产函数

1. 第六产业的系统函数

第六产业是跨行业融合，通过二次系统经营形成的一个综合性的产业形态。为此，第六产业的产出是一个系统化过程。在形成跨行业融合过程中，第四产业的"互联网⊕"，通过平台横向凝聚来自不同行业的生产要素，通过匹配形成有机的融合；此外，第五产业的文化创意则是设计如何利用人力资源来纵向提升价值链的过程。来自横向和纵向的融合过程中，实际上打破了传统经济学的企业边界，而代之以合作联盟。在市场、技术不断变动的环境下，完全合约或者市场兼并往往是效率低下的，联盟企业中按照一种社会认可的规范，实现"利益共享、风险共担、相互协作"的不完全合约的联盟形式。在信息不对称的环境中，信任以及以此为基础合作治理体系，即联盟中合作分享的生态网络会决定合作的深度。

我们用下面的数学表达式来刻画上面第六产业生产函数的特征：

$$Y=S[f(l, k), y, z]$$

其中，S 是一个系统函数；f 是反映技术的三次产业中的函数，即三维向量函数；l, k 分别是劳动投入和资本投入；y 是生产性知识（或人力资本）投入，它是形成第五产业的基础；z 是互联网融合投入，它是形成第四产业的基础。

S 作为第六产业的系统函数，体现了横向和纵向要素融合过程对附加值的二次系统经营机理，其中不仅依赖于技术层面也依赖于社会文化层面，以什么样的方式来形成有机的融合。

2. 系统函数的特例应用

与传统三次产业下的生产函数不同，六次产业生产函数体现的是一个动态变化的函数，甚至是泛函映射。如果保持生产技术和社会文化不变，那么此时的一个极端特例就是传统的生产函数形式，即 $Y=f(l, k)$。

信息化社会的一个重要规律是摩尔定律，摩尔定律意味着在 18 个月技术变化一半，就是形成分段函数，此时我们可以把摩尔定律下的六次函数写成：

$$Y=2^{[t]}f(l,k)$$

这里 $[t]=[t'/18]$，其中 t' 是以月为单位的时间变量，$[.]$ 是取整函数。

如果在一个没有通过系统经营，而只是单纯的产业拼盘式的加总但产业之间是相互独立的，那么此时函数形式可能是：

$$Y=f^1(l,k)+,\cdots,+f^J(l,k)$$

如果行业之间是具有（完全）互补性的，那么此时函数形式可能是：

$$Y=min[f^1(l,k),\cdots,f^J(l,k)]$$

3.大数据和区块链方法

创新时代的一个重要特征在于个体之间越来越受到网络的影响，个体利益的实现越来越依赖于他可以影响和利用的网络资源。这种信息化的商业模式与传统的商业模式的差异，类似于物理学中相对论和量子力学中强调场的作用，而牛顿力学强调个体的运动。在信息化社会中大数据和区块链是探索个体与网络之间实现交互的技术和模式。通过大数据、云计算平台，通过对各种各样信息资源的挖掘，提高了个人与所处网络的关联程度，这种关联影响到资源的配置和商业合作模式。

第六产业生产函数刻画了这种基于个体与网络之间的关系，比如基于信息挖掘，在互联网平台中实现的一种更有效的匹配，可以表述为如下的关联函数：

$$Y=S[f\ (l,\ k),\ y,\ z]$$

此时 y 互联网技术，即大数据和云计算所体现了个体之间更精确的匹配关系，从而带来更有效的资源配置。

区块链是一个更具革命性的技术和机制。区块链系统通常由数据层、网络层、共识层、激励层、合约层和应用层组成。而在区块链的系统中，分布式的点对点通过在某种共识机制下形成个体与个体之间的信任关系。区块链体现技术层面和治理层面的交融，它对于产业链的设计引入了创意文化的因素，从横向和纵向来提升价值链。这一过程，可以用系统契约的方式来刻画其投入产出关系：

$$Y=S[f\ (l,\ k),\ y,\ z]$$

此时，在同样的劳动投入和资本投入下，在互联网技术和人力资本为基础的创意设计中，通过系统中理念和技术不断交融来实现更广更深的合作形态。

以上我们对六次产业理论做了概貌性介绍，理论中一些重要的机理还期待未来更多的理论研究和实践检验。与此同时，六次产业理论又是鲜活的，一方面它的理论发展来源于创新时代丰富多样化的实践，另一方面它的系统化理念又广泛地参与并指导着各种实践活动。

第二章　六次产业划分及其功能 *

本书第一章详细论述了六次产业理论的实践和理论渊源，本章论述六次产业的定义和划分。

一、六次产业的定义和划分

传统的三次产业划分的依据是物质生产中加工对象的差异性。产品直接取自自然界的部门称为第一产业，对初级产品进行再加工的部门称为第二产业，为生产和消费提供各种服务的部门称为第三产业。三次产业划分是基于当时先进资本主义国家"脱农化"和"工业化"的时代背景提出的产业经济学分类体系。在信息技术的广泛应用、知

---

* 原文《以六次产业理论引领创新创业》刊登在《中国软科学》2016 年第 1 期。本章内容是在选取原文部分内容的基础上整理修改而成。

识经济的迅速发展的当今时代,劳动对象已经比工业化时代扩大了,不仅包括自然资源,还包括信息、知识、文化资源,劳动对象的扩大和合理利用也是生产力水平提高的标志之一。依据劳动对象和产业任务的不同,可以将国民经济划分为六次产业。

(一) 第四产业

第四产业也被不严格的叫作知识产业或信息产业,因为它与信息、知识密不可分,包括互联网产业、新一代信息产业等,涵盖了当前受热捧的大数据、云计算、物联网等新兴产业,用时下流行的话来说就是"互联网+"。但准确的第四产业概念是在六次产业划分的完备框架下给出与其他产业不重叠的相容概念定义,这是首创的陌生的概念。尽管如此,对于第四产业的概念,国内还比较陌生。其实,在美国、日本等信息产业发达的国家,已经较完整地测算第四产业。美国硅谷持续繁荣,高新科技争奇斗艳,也离不开第四产业的发展。

本书把第四产业称为"互联网⊕"产业。这里的⊕指的是"融合",商业语言是"创新"。在六次产业理论中,"互联网⊕"产业的最主要的功能是利用信息通信技术以及互联网平台,促进互联网与传统行业进行深度融合,创造新的发展生态,提升传统产业的运营效率,让整个社会向更低运营成本、更加生态环保的方向去发展。因此,检验"互联网⊕"的成果最重要的方式是看它是否促进了产业的转型,促进产业出现新的形态,以及这种形态是否能更好地满足用户的最终需求,能提高各种资源利用的效率,同时要有可持续发展的机制。今天看成功的互联网企业，都是互联网加一个传统行业，比如淘宝是"互联网⊕集市"、天猫是"互联网⊕百货商场"、世纪佳缘是"互联网⊕红娘"等。

农业看起来离互联网最远，但农业作为最传统的产业也决定了"互联网⊕农业"的潜力是巨大的。利用信息技术和互联网可实现精准农业，极大地提升农业生产效率。此外，互联网还将从"空间、时间、成本、安全、个性化"五个角度全面改变农产品消费市场，增强农产品消费者的客户体验和客户黏性。

（二）第五产业

第五产业是获取并利用人力资源和文化（包括科学文化）资源的产业。它是以知识和精神文化生产方式满足人们精神文化需求的文化创意产业。丹麦未来学家沃尔夫·伦森指出，人类在经历狩猎社会、农业社会、工业社会和信息社会之后，将进入一个以关注梦想、历险、精神及情感生活为特征的梦想社会，人们消费的注意力将主要转移到精神需要。第五产业可以满足人们对美好生活的精神需求。此外，以文化创意产业为代表的第五产业，具有高附加值、资源低消耗、环境污染小等众多优势。它是人类社会可持续发展的一个重要产业形态。与第四产业称为"互联网⊕"产业类似，第五产业可以称为"文化创意⊕"，"⊕"的后缀可以是各种产业、各类商品，甚至是整个城市、区域或国家。现在全国各地正在兴起的"特色小镇"，其中一些就是以一个镇为行政单元突出"文化创意当地特色产业"。在六次产业理论中，"文化创意⊕"的"⊕"也是意指融合。

"文化创意⊕"不是为了艺术而艺术，而是把创意、技术、营销等环节紧紧联系在一起，使独特的文化价值逐步转变成为有广阔市场的商业价值。在土地、人工、原材料等生产成本不断上升，产品同质化越来越严重的时代，一家企业如何才能在激烈的市场竞争中脱颖而出、发展壮大呢？通过创意设计对企业和产品进行重新包装，提高产品的附加值，无疑是新的突破点。一个普通的胶带纸只要一两元就可以买到，但当把康熙皇帝"朕知道了"的朱批印在胶带上后，胶带纸的售价翻了几十倍，这就是"文化创意⊕"的效果，使得低成本的初级产品变成高附加值的高端工艺品。虽然陶瓷发源于中国，历史悠久，并曾经历过"四大名窑"的辉煌，但近几十年来却显得有些落寞。纵览世界陶瓷市场，欧洲韦奇伍德（Wedgwood）等名窑可谓后来居上，而究其领先的原因主要在于，创意文化建设引领消费时尚带来的魅力。

第五产业常常被联想到品牌效应，但是品牌效应只是第五产业的初级产物，在第三产业中也能找到它的影子。第三产业大家已经在做品牌效应，在市场营销课程中专门教授如何打造企业品牌。那么第五产业的品牌效应与传统的第三产业品牌效应区别在哪儿？第三产业中的品牌效应，主要通过商业广告、企业质量控制系统等管理措施对商品的形象、质量、定位等形成有别于其他功能相同或类似的商品特征，从而实现价值增值。从大量的实际案例中可以总结出第五产业有一个本质的特征，就是把人类的精神需求转换成市场定价，转换成产业附加值，却不需要动用其他资源。这意味着，第五产业的品牌效应是通过对商品品牌的创意、创新来满足人的精神需求而产生的效应。

（三）第六产业

在工业经济时代，企业可以通过大批量的专业化生产，获得"规模经济性"效应，或者通过拓展产品经营范围，实行多元化经营获得"范围经济性"效应。而在信息时代的网络化社会中，分属于不同经营领域的企业通过互联网异业联手、协同合作，开发新产品，可以更迅速地满足不断变动的多方面的消费需求，获得"协同效应"[①]。这种"协同效应"所带来的生产力的提升和效益的增加使得产业融合成为全球经济增长和现代产业发展的重要趋势，推动了全球产业结构的升级[②]。第四、第五产业有个共同的特点就是能够促进跨行业特别是一、二、三产业融合，因此，从战略上看更重要的是第四、第五产业怎么能让跨行业特别是一、二、三产业融合起来创造第六产业。也就是说，第六产业是以第四产业的信息技术为基础，通过第五产业的创意创新开发，进行跨行业特别是一、二、三产业融合，从而形成新的产业业态，即第六产业。

"1+2+3"不是一、二、三产业融合的一般形式，相加只是融合的初级形式。如果简单的一、二、三产业相加就没有第六产业。例如汽

---

① 参见周振华：《新产业分类：内容产业、位置产业与物质产业——兼论上海新型产业体系的构建》，《上海经济研究》2003 年第 4 期。

② 参见张守营、吕昱江：《产业融合：让三次产业的边界愈趋模糊》，《中国经济导报》2015 年 7 月 8 日。

车产业，如果说我们有轮胎产业、玻璃产业、钢铁产业，相加能够成为一个汽车产业吗？把原材料零件产业利润全拿走了，发现剩下的利润更多，预示着汽车产业诞生。不是简单相加，而是有创新的设计。现在电动汽车的创新创意设计正在颠覆传统的汽车产业。现在到美国买一个智能化的电动汽车，是一些消费者的精神享受。这体现出人类对拥有智能化的幸福和快乐。人们为了体验这种智能化的幸福和快乐，往往愿意付出远超其使用价值的价格。这就说明在使用价值之外，还有一个新的利润源泉，跟使用价值没有太多关系。要理解相加和融合的区别，就需要知道什么东西在融合，这就是第四、五、六产业的精妙之处。

二、六次产业理论：创新经济学的突破

（一）传统主流经济学面临挑战

与之前时代相比，知识化和信息化时代的特征在于，它不仅需要产业分工、产业规律的研究，更需要产业综合的研究。技术的日新月异，显然无法让经济学的增长函数固定在那里，否则经济学模型本身就难有作为。就此而言，早期三次产业划分理论已经严重脱离信息化市场，严重脱离知识经济时代。事实上，经济发展的历史早已挑战了传统主流经济学，且从未间断。

第一次挑战，即最有本质意义的挑战，就是人力资本问题。人力

资本理论本身是对传统经济学理论的批判。20世纪80年代，美国经济学者发现很多利润失去了来源，于是创造了"人力资本"一词。人力与资本，一者是人，一者是资本，强行建立联系无疑存在问题。然而新的理论没有出现，想要解说现象，就只能在传统经济学框架下修修补补。这还是部分有价值的解说，至少明确了智力、知识在生产中起到越来越重要的作用，这种作用甚至较货币更为重要。

第二次挑战是纳什的博弈论。纳什均衡对传统主流经济学进行了直接挑战。博弈论来源于一个简单的问题：人类是在最优均衡中行为吗？答案是否定的。人们无法知道社会的最优均衡是什么，最优均衡存在的证明最终仰赖数学、拓扑学的办法。博弈论所描述的其实是这样的实际场景：你我在市场上博弈，我只考虑系统中的几个对手；竞争时，任何一个策略出来，我都用对我最有利的策略与你对抗。纳什证明了博弈均衡的存在，但这个存在，也即纳什均衡，根本不是最优均衡。"囚徒困境"指出，博弈的终点往往是对所有人而言最糟糕的局面。纳什均衡与最优均衡的背离，难道不是对传统经济学的深刻挑战吗？

第三次挑战来自于创新经济学。全世界在金融危机后都在谈创新，然而从来没有一个完整的创新经济学。熊彼特在他的五个创新体系中，开创了系统的创新理论研究。在他之后，创新的线性理论认为，基础研究、应用研究、企业应用等是一个线性过程，结果造成了创新可以由政府一手设计的误导。现在西方较为先进的创新理论研究则是双螺旋创新理论，认为市场应用是吸引力，而科学技术进步是推动力。我们则在发展三螺旋创新理论，认为科学和技术要分开作为两螺旋，科学可以通过生产性知识（而不是只有通过技术发明）进入生产经营，从而成为新的生产要素甚至人力资本。

（二）六次产业理论的创新

现实和学说上的种种挑战，预示着从传统经济学走向创新经济学、从三次产业理论走向六次产业理论的趋势。需要注意的是，六次产业理论最重视的是产业融合和系统经营。而三次产业理论分裂了第一、第二和第三产业，在六次产业理论中我们将它们的融合称为第六产业。这样一来，城乡二元结构的问题将不再如此让人犯愁。六次产业理论不仅考虑产品及服务经营，而且更加重视一、二、三产业全产业链的系统经营和品牌化发展。因此，这个理论方法给食品安全、健康养老等许多问题找到了系统性解决方案。

在六次产业理论中，笔者在使用"+"时，会在上面画个圈，写成"⊕"。这是公理化系统中的运算符号。"⊕"可以代表世界上任何运算规则，而小学数学中的"+"通常只代表简单的运算。用文学语言来表达，"⊕"就是融合；用经济学语言来说，就叫创新。今村奈良臣提出的第六产业对日本的产业政策起到作用，对日本的农民收入提高有所贡献，但当时没有"互联网⊕"，更没有"文化创意⊕"，因此不是真正经济学理论意义下的第六产业，更没有系统的六次产业理论。

今村奈良臣所谓的"1+2+3"，仍然是用线性相加的思维，延伸农业产业链，提升农业附加值。以汽车行业为例，将玻璃、轮胎、钢铁拼凑在一起不可能成为汽车。只有把人们的想象创意和设计能力"$\oplus$"进来，才可能形成汽车产业。统计学上，把玻璃、轮胎和钢铁的利润拿走，剩下的利润如果微不足道，就没有新产业；剩下的利润如果远高于拿走的部分，那么汽车产业就诞生了。从这个意义上说，第一、第二、第三产业的简单相加，只能增加成本，而无法得到六次产业理论体系下的第六产业。

总之，六次产业理论下的第六产业是对产业经济学的颠覆。从三次产业经济学走向六次产业的经济学划分，背后实际是创新经济学对传统主流经济学的突破。

（三）第四产业不同于传统信息化

具体来看，第四产业在简单理解下即"互联网$\oplus$"。它不同于第三产业中的信息化产业。在三次产业理论下的第三产业，信息化基本上是工业化的延伸，即工业化的信息服务。但第四产业与之不同。第四产业是基于互联网、物联网的平台经济，产业盈利关键在于点击率。只要有点击率，就可以利用其他方法赚钱。2012年至2015年，互联网服务连续3年在服务业增长中占到72%，而传统的信息化服务仅占比12%左右。这两个数据背后呈现出裂痕性的变化，昭示了第四产业的重要性。

信息化时代，如何评价互联网企业在创业过程中的价值呢？以让知识走向智能的算法为标准，依照财务制度来评价，恐怕很多企业都亏本。然而这些企业仍然能够在市场中卖出价钱，因为伴随第四产业而来的还有市售率等新评价标准，企业可以按市售率来入股。像这样的规则已经完全形成。

第四产业以获取信息、利用信息为特征，同时也可以获取新知识、利用新知识。第四产业的知识是一般性知识、和信息相关的知识、普通知识、认知的知识，或记录的知识和数据的知识。这与同样利用知识的第五产业存在区别。

（四）第五产业让知识走向智能

如果说"互联网⊕"是在"+"号上面加了个圈，听起来还是像大家常用的名字，那么第五产业就算独创了。"文化创意⊕"是什么呢？根据阿尔夫·托夫勒的研究，在狩猎、农业、工业、信息社会后，要出现一个梦想社会。梦想社会的特征是以情感、精神、梦想为生活的主流。在梦想社会中，人们对精神产品的需求，将跟对肉、蛋、奶等需求处在同等甚至更重要的地位。

这一假想能够引出第五产业的第一条基线：不论未来梦想社会是否将全面来临，精神需求越来越具有市场附加值是毋庸置疑的。开始时总是使用价值决定市场价值，但不断升华的附加值不能仅停留在使用价值上。只有在精神需求上做文章，才能产生品牌。品牌的概念其实已经包含了精神需求的观念。这样的例子很多。北京的一家公司把草莓卖到日本，一盒两千元，供不应求，原来是用了天皇的盒子来进行文化创意包装。这就借助了日本人对天皇的崇拜和精神依赖。新疆生产的番茄素在哈萨克斯坦备受欢迎，成了总统推崇的品牌，无非是改了个寓意吉祥健康的哈萨克语名字，被哈萨克斯坦的市场和文化承认。一头输入生产性知识，一头输出精神需求和附加值，这就是第五产业的产业模式。

有很多做法能够将精神需求转换成市场。比如，如果使用手机APP计步功能，可能会有这样的体验：当自己第一的评分被超过时，又会不由自主地多走几步。当我们把走步变成一种社交，群体交流与点击率的作用势必会得到提升，这就把走步的"价码"抬高了，变成社交文化的需求。

第五产业的第二条基线是把跨产业的融合系统设计出来。之前已经提到，第六产业是跨产业的融合，这种融合绝非拼凑。如果没有第四、第五产业的贡献，基本不会有真正的第六产业产生。特别是，第六产业想要融合成一个真正新的综合产业，第五产业将发挥非常重要的作用，需要第五产业的精妙策划设计。可以说，第五产业是第六产业创新的总设计师。若想把跨产业的系统设计成新的综合产业，就必须掌握第五产业的精髓妙义。

第五产业还是生产人力资本和人工智能的产业，这是第三条基线。现有的生产人力资本的大学模式，尽管不能真正成为第五产业，但第五产业所需的生产性知识来源于大学。此外，通过第五产业的发展，人类可以让知识和生产性知识走向资本、走向智能，变成能力和竞争力，运用到市场竞争和诸如围棋博弈中去。在这个过程中，第五产业本身输入的是知识及强化学习的数据，输出的是人工智能和人力资本、将精神需求转化市场和附加值的能力与方法，以及对跨产业特别是一、二、三产业的融合与设计。

（五）第六产业催生分享与合作

第六产业是跨产业的融合和系统经营，特别是一、二、三产业的融合，融合不是简单相加。是否形成了高效的融合系统，首要的标准是市场竞争力，也就是利润。杰里米·里夫金在《零边际成本社会——一个物联网、合作共赢的新经济时代》一书关于共享模式和新共享理论给我们的启示是，如果懂得第四产业的规律并会使用它，在做第一、第二、第三产业的信息化时，就绝对不要轻易投不必要的钱，而是应当把第四产业平台分享功能用尽，贡献点击率，实现零边际成本。这实际上是在探讨第六产业能否把第四、第五产业充分为我所用，实现系统经营魔方效益。

不论哪个产业，若要和互联网或文化创意融合，都需要注意控制成本，同时找到自身的合作价值，使对方愿意达成合作。这就是零边际成本的做法。最初会需要一定投资，等发展下去，效益就会在不多投钱的同时不断叠加。这中间不仅有智慧，还有一种以实现精神需求为上的对文化和资源的创意开发。懂得用零边际成本效益控制成本，懂得用分享而不增加成本方式的人，一定懂得开源、分享与合作，这就是"创客精神"。

需要强调的是，最大的第六产业是农业第六产业。它是第一产业农业发展成一、二、三产业融合即农业第六产业，即智慧农业。

第三章　以六次产业理论引领创新创业

中国以创新创业促进经济转型升级面临的能源资源、生态环境、城乡二元结构、食品安全和健康等挑战，需要以六次产业理论为引领，实施创新驱动战略，实现中国经济社会的可持续发展。本章首先分析我国以创新促进转型升级过程中面临的挑战，然后分析新常态下需要新的产业结构和创新驱动，最后给出一些六次产业理论创新驱动的案例。

一、以创新促进转型升级过程中面临的挑战

中国正面临从"中国制造"走向"中国创造"的工业转型、从"规模城镇化"走向"人口城镇化"的城镇化转型及从"物质型消费"走向"服务型消费"的消费结构转型。在这一过程中，通过创新放大各生产要素的效应，提高全要素生产率是提升经济发展的质量和效益，

促进转型升级的关键。然而以创新促进中国经济转型升级，还面临一系列的挑战。

（一）能源和资源瓶颈的挑战

中国是人均资源稀缺国家。工业化所需要的 45 种主要能源与矿产资源中，除了煤炭，其他人均拥有量都排在世界 80 位以后。[①] 工业化过程就是一个财富创造过程，而财富创造就离不开资源的消耗，资源供给不足，创造财富的步伐就得慢下来，甚至停下来。在中国经济的快速发展过程中，能源消耗增长率不断提高，导致能源供需缺口不断扩大，使得中国各种资源对外依存度不断提高。一些关键资源的高度对外依存将危及经济安全。在 20 世纪 90 年代初，中国还是一个单纯的石油出口国，然而在 1993 年，形势发生了逆转，从此便不断增加对原油供货的依赖，以维持经济正常运行。据 BP 数据显示，2014 年全球石油消费量达到 421110 万吨，其中中国石油消费量为 52030 万吨，仅次于美国的 83610 万吨，占全球石油消费总量的12.4%。作为全球最大的铁矿石和铜矿石消费国，中国进口全球 60%以上的铁矿石，消耗了全球 45% 的铜矿石。2001—2014 年，中国初级产品进口额年均增长率高达 22.6%，比 20 世纪 90 年代高出 6 个百分点，也比同期全部进口额的年均增长率高出 5 个百分点。这就是在资源稀缺背景下，中国工业化高度依赖世界资源的集中表现。目前中

---

① 参见王建：《资源瓶颈约束是经济发展最大障碍》，《中国投资》2013 年第 10 期。

国仍处于工业化、城镇化的加速发展阶段，尽管技术进步使单位产出资源消耗减少，但大量基础设施建设导致能源和资源消耗的总量仍在扩大，资源的对外依存度也会不断上升。如何克服能源和资源对中国经济增长的约束，是中国今后经济发展的一个重大课题。

（二）生态环境恶化的挑战

中国经济总量目前已居世界第二，但与此同时，许多地区和领域却没有处理好经济发展与生态环境的关系，以过度的消耗资源、环境为代价换取经济发展，导致生态环境问题日益突出。发达国家一两百年出现的环境问题，在中国 40 年的快速发展里集中显现。

亚洲开发银行和清华大学 2013 年发布的《迈向环境可持续的未来——中华人民共和国国家环境分析》报告显示，中国最大的 500 个城市中，只有不到 1% 的城市达到世界卫生组织推荐的空气质量标准；世界上污染最严重的 10 个城市有 7 个在中国。环境保护部发布的《2014 中国环境状况公报》显示，全国开展空气质量新标准监测的 161 个城市中，有 16 个城市空气质量年均值达标，145 个城市空气质量超标。2014 年，全国地表水国控断面中，9.2% 为劣 V 类水质，基本丧失水体使用功能；24.6% 的重点湖泊呈富营养状态，不少流经城镇的河流沟渠黑臭，近海海域污染不容乐观。过去中国生态环境空间相对较大，现在环境承载能力已经达到或接近上限，生态环境问题已经成为到 2020 年实现全面建成小康社会奋斗目标的短板和瓶颈制约。

（三）城乡二元结构的挑战

我国的城乡二元结构形成于 20 世纪 50 年代，它曾为计划经济时期的中国工业化进程作出了重要贡献，然而，由于这种城乡二元结构的长期存在，导致城乡资源不能合理流动和优化组合，城乡生产要素不能平等交换，城乡公共资源配置严重不均衡，城乡基本公共服务严重不均等，使农村发展滞后、城乡差距拉大，阻碍着中国向高收入国家的迈进。[1]

在城乡二元结构之下的城市化过程中，由于农业和农村投入产出率相对较低，基本公共服务较差，导致农业三要素（土地、资金、劳动力）大规模、持续地向城市流动。[2] 这种情况在距离城市较远的农村更为明显，尤其是以种粮为主的农村。这种单向流动加剧了"农民荒"现象。将来"谁来种地"和"怎么种地"成为当前中国迫切需要回答的两大问题。

（四）健康的挑战

随着经济发展和生活水平的迅速提高，人们在尽情享受现代文明成果的同时，文明病，即生活方式病正日益流行，处于亚健康状态的人群越来越多。世界卫生组织将健康定义为"不但是身体没有疾病或

---

[1]　参见蔡敏、刘斐、王建华：《打破城乡二元结构又迈出历史性一步》，《新华每日电讯》2014 年 2 月 11 日。

[2]　参见李旭鸿：《十年后，谁来种地？》，《光明日报》2011 年 10 月 27 日。

虚弱，还要有完整的生理、心理状态和社会适应能力"。近年来，中国民众生活条件提高了，可食品安全和环境卫生问题却层出不穷，身体素质反而不断下降了。据中国预防医学会统计，中国只有15%的人处于健康状态，而亚健康人群的比例已经达到70%。

当前中国亚健康人群增多，慢性病已成为重大的公共卫生问题，发病人数快速上升，疾病负担日益沉重。此外，生态环境、生产生活方式变化以及食品药品安全、职业伤害、饮用水安全和环境问题等对人民群众健康的影响更加突出，重大公共卫生事件频敲警钟。如何以有限的卫生资源守卫中国人的健康，对以创新创业促进中国经济转型升级提出了严峻的挑战。

二、新常态下需要新的产业结构和创新驱动

（一）中国以创新促进转型升级过程中面临的挑战

中国国内生产总值增速从2012年起开始回落，2012年、2013年、2014年增速分别为7.7%、7.7%、7.3%，是经济增长阶段的根本性转换。中国告别过去40年平均10%左右的高速增长，进入新常态。新常态是对中国历史发展阶段的描述和判断。新常态需要一个新的产业结构。根据传统经济学理论，我们现在要加快发展第三产业。事实上，不尽如此。如果在经济学理论上有突破，不是按照传统的三次产业划分理论，而是按照创新经济学的六次产业划分理论，在新常态下

就不仅是需要发展三产，更需要发展四产、五产、六产。

在第二章中已经谈过经济学理论面临的挑战，应对这种挑战，本书提出六次产业理论。这里需强调一下，就对经济新常态，以创新促进转型升级，需要在经济学理论认识方面有新的突破。首先，在产业经济学理论中，如果仍然沿用传统的三次产业划分理论，那就只能在三次产业理论框架下提升制造业的质量和效率，拓展现代服务业。结构调整和产业升级只定位在三次产业中，空间十分有限。其次，从创新理论来看，如果仍然沿用线性创新理论，从基础研究到应用研究，再到开发、扩散，我们可能永远不能迈向创新型国家前列。以物联网为例，单个的物联网产业体系只能小有作用，只有若干物联网产业体系相互联通、协作、融合，形成系统经营，才能培育出六次产业形态，才能真正发生"指数型"的增长。

（二）六次产业结构

以创新驱动产业转型升级，必须盯住第六产业搞结构调整和经济转型。过去结构调整一直在一、二、三产业里面打转转。笔者认为，用六次产业理论促进中国经济转型具有广阔前景。那么，六次产业理论和三次产业理论有什么不同呢？

六次产业是一个理论体系，第六产业是产业结构的最高形态，其核心是在发展一、二、三产业基础上，融合互联网及文化创意产业，进行系统经营，形成六次产业。绿色发展是中国未来的必然选择。在三次产业理论中，环保、生态是成本，而在六次产业理论中，环保、生态是品牌，是资本市场价值升值的空间。

中国农业是最需要突破的地方，现代农业是富国富民的大产业，我们在农业上尝试把一、二、三产业推到第六产业。日本最早进行了这方面的尝试，因此日本学者提出了1.0版本的六次产业概念，因为它没有形成第四产业和第五产业，也就最终没有形成一个经济学理论。我们现在提出的六次产业理论，在六次产业概念上超越了日本学者的1.0版本。有了四产、五产，才有升级版的六产。农业特别是食品行业是大产业，质量提升的空间很大。相信以后人们越来越认识到第六产业是中国的未来。

在日本学者的1.0版本六次产业概念中，一、二、三产业融合是简单的相加、相乘的关系。笔者提出的六次产业理论中，一、二、三产业融合不是一、二、三简单相加或相乘，它需要在尽可能长的产业链上实行系统策划和二次经营。从经济学视角，就看把一、二、三产业利润拿走，剩下的利润是比拿走的利润多还是没什么利润。如果剩下的利润更多，说明一个新的产业诞生了。要理解第六产业的形成，就必须理解第四、第五产业。

"互联网⊕"就是第四产业，它是推动一、二、三产业融合的强大力量，然而现实中的误区不少。比如"互联网⊕现代农业"，在实践中互联网和农业根本加不起来，只能是拼凑，拼凑的结果是成本大量增加，现代农业的改造倒没有什么效果。

只有读懂了这个"⊕"，才能懂得第四产业的精髓。"⊕"的奥妙是融合，融合的本质是创新。评估的标准是经过融合边际成本是不是在降低，接近于零，边际效益是不是在迅速增长。

"文化创意⊕"就是第五产业。第五产业的特征是把人们的精神需求转换成生产力，与第四产业一样，它们解决的是一、二、三产业融合的问题，从而创造第六产业。举个例子，同样一个包，爱马仕或者 LV 为什么跟普通包不同？使用价值的区别绝对不是价值的反映，价值的反映是背这个包出去的人的面子、感觉，被人们羡慕的眼光，这些构成了附加值，转换成市场价值。

（三）创新驱动顶层设计的五大特征

新常态下，改革创新就是动力，转变发展方式走向创新驱动。这里探讨一下什么是创新驱动，怎样搞创新驱动？创新驱动经济转型并不是天上掉下来的，而是传统发展方式难以为继倒逼出来的。大家普遍认为，传统发展模式已经到了尽头，实施创新驱动的发展战略迫在眉睫，或者说刻不容缓。但创新驱动和投资驱动之间是截然不同的一个体系。习近平总书记要求我们搞创新驱动的顶层设计把握两点：一是把握世界发展方向，主要是世界科技发展方向。二是解决中国的问题。创新驱动的顶层设计首先要解决中国的内需不足，城乡二元结构，以及质量问题。吸的是雾霾，吃的是有污染的产品，这绝对不是新常态的标准。

能不能解决这个问题，就看创新驱动顶层设计是不是有效的、顶层的。创新驱动的顶层设计，需要在理论上有所突破，才可能在顶层有效地解决问题。创新驱动依据的创新理论是不是先进，这一点十分重要。如果我们依据的创新理论是非常落后的，那么这样的创新驱动顶层设计怎么解决实际问题，怎么适应世界竞争？创新驱动顶层设计呈现以下五个特征。

第一，强调人力资本。在劳动力、土地、资本三个生产要素中，资本和土地非常重要，但不能仅仅强调资本和土地。创新经济学理论中更加强调人力资本的重要性。这是因为生产性知识可以无须转换直接进入生产，形成生产力。也就是说，在信息化条件下，很多生产性知识是新经济或者经济发展的新要素，它跟土地和资本一样重要，甚至更重要。

第二，企业家推动。中国过去40年的经济增长和社会发展，政府的作用很大，因此大家认为创新驱动是靠政府推动。事实上，政府的作用永远不可替代，那么究竟要靠谁推动创新？要靠企业家推动创新。在创新驱动转型中，政府官员与企业家的角色不同。企业家是创新驱动的主体，突出的是企业家冒险精神，强调的是市场竞争，是在不完全信息条件下的创业决策，是对风险控制、成本效益的计算、商业技巧的实施。因此，从这个意义上说，创新不能靠政府推动。政府官员的工作性质就决定了不能冒险。通过风险管理使得效益均值大于风险成本从而能得到良性的循环，这就需要靠企业家的冒险精神。如果一个民族没有企业家的冒险精神，创新驱动永远不可能实现。

第三，先发优势。我们原来一直是后发优势，先发优势强调的是用什么样的新技术和商业模式，用什么样的新理念发展方式和新途径实现"最后一公里"的蛙跳。由谷歌（Google）旗下DeepMind公司戴密斯·哈萨比斯领衔的团队开发的阿尔法狗（AlphaGo），于2016年3月，在围棋人机大战，以4∶1的总比分获胜；2017年5月，在中国乌镇围棋峰会上，它与排名世界第一的世界围棋冠军柯洁对战，以 3:0 的总比分获胜。它标志着谷歌在"深度学习"的人工智能领域具有先发优势。2018 年 2 月，作为 Space X 创始人，埃隆·马斯克（Elon Musk）在美国佛罗里达州肯尼迪航天中心再一次改写了人类航空航天史——发射了目前最强大、运载力最强的火箭——猎鹰重型火箭。这就是创新驱动的先发优势。

第四，创新网络，它号称第四产业。在六次产业理论下，第四产业依据大数据、云计算、物联网等信息技术为创新资源的整合、协作、协同等提供创新网络环境，以及创新生态圈。因此，新时代的创新已经不同于过去能人闭门搞的小发明、小创造或者大发明、大创造。现在的创新是在一个协同网络平台或者环境下的创新，它与产业紧密相连。

第五，质量品牌，它号称第五产业。创新驱动一定要呈现出系统的特征。它是在什么样的理论指导之下设计？首先是三螺旋创新理论，这是创新理论最前沿的，目前我们的科学技术都是按照线性创新理论设计，即基础应用、应用研发、企业应用是线性递进关系。线性是最容易解的，但是最不切实际。一个复杂的创新系统仅仅用线性表达，政府就可以说如果创新那么简单，稍稍一般水平的政府都会做得很好，事实证明创新驱动不是这样，现在西方的创新理论前沿叫双螺旋创新理论，这是生物学上的名称，科学发现、技术发明是推动力，市场应用是拉动力，两种力形成一个场进行双螺旋互动。反复互动最新的处理手法叫博弈论。只能用合作博弈设计，才能取得社会多赢，取得推动力和拉动力的互动。因此这样一个理论告诉我们，线性理论是落后的，是 1935 年以前的水平。我们最新的理论是三螺旋创新理论，科学和技术是双螺旋，基于科学的创新和基于技术的创新是具有不同的特征，前者大多来源于大学的创新教育，后者是以企业为主体的创新。信息化带来知识经济，知识经济有一个新的理论，生产性知识直接进入生产，成为新经济要素。除双螺旋之外，还需要一个市场螺旋，与科学螺旋、技术螺旋一起融合，形成创新系统。

三、以六次产业理论推动产业结构调整升级

（一）产业结构调整升级的出路

近年来，我们一直在强调产业结构调整升级，转变经济发展方式，推动城乡一体化发展。在这个转型升级过程中，遇到很多困难和问题。问题出在哪里？经济学家负有首要责任。首先是我们经济学家主要在凯恩斯"三驾马车"当中去思考，这是有问题的。实际上在 20 世纪 90 年代，日本的农业、农村以及农民发展也遇到类似的问题。日本学者提出农业"六次产业化"，即农业一、二、三产业融合发展，拓展农业的多功能性，延伸农业价值链，探索解决农业、农村和农民问题。中国在解决"三农"问题中，实施了"利益共享、风险共担"的农村科技特派员制度。中国已经进行了 12 年农村科技特派员工作探索，目前全国有 84 万科技特派员。科技特派员主要是在农村搞一、二、三产业融合发展。不要小看一、二、三产业融合当中的"融合"

两个字。一、二、三产业融合的综合产业叫第六产业。

在一、二、三产业融合发展中，关键是要培育第四、第五和第六产业。第四产业就是在信息公共平台支撑条件下的"互联网⊕"，它不包含普通的信息服务业，那是第三产业。阿里巴巴、京东、腾讯、美图等是这个产业的典型。这样的产业有什么特征呢？一是增长速度极快，用这几年做比较，信息服务业第三产业服务业不到年均12%的增长，但电子商务服务业却有72%的增长。二是乘数不同，以2012年为例，中国电子商务服务业1200亿元，带动服务商贸3万亿元，乘数是15倍，是低成本的高附加值。产业融合发展，要通过第四产业的平台经济进行融合，实现全产业链附加值提升。

第五产业在中国目前发展比较快，可以说是文化支撑服务平台下创意产业及其服务业，即"文化创意⊕"。它的使命主要是解决将人们的精神需求转化为市场附加值。也就是第五产业的品牌战略，这里强调的基于精神需要和文化资源的创意开发。在第五产业中强调，企业生产线、技术、人工、土地都可以不变，但有一点要变化，就是要通过创意设计满足人们的精神需求。手机的相机技术指标可以不变，但增加了美图的创意设计软件功能，它就可以满足人们对美的精神追求，从而实现手机的更高附加价值。

有了第四、第五产业，才能推动更高形态的一、二、三产业融合发展，实现一、二、三产业全产业链价值增值。这时候的一、二、三产业融合起来形成的新的产业叫真正的第六产业。因此，产业结构升级转型的出路在于培育完整的六次产业。培育六次产业，在原有的一、二、三产业的基础上，有必要做实第四、第五和第六产业。简单总结，第四产业就是"互联网⊕"，第五产业就是"文化创意⊕"，第六产业则是一、二、三产业综合再融合。

（二）以六次产业理论推动产业融合发展：科技特派员实践

2018 年中央 1 号文件提出"构建农村一、二、三产业融合发展体系"。推进农业的产业化经营，促进"接二（产）连三（产）"是一个重要方向，这不仅是当今世界现代农业发展的趋势与方向，也是我国农业产业提升市场竞争力、促进农民持续增收的重要源泉。以传统的产业划分理论来指导农业的创新创业，无法从根本上解决中国的"三农"问题。

科技特派员制度是在信息化时代背景下以六次产业理论引领创新创业、促进农业转型的最早实践，是破解"三农"问题的成功探索。把科技带到农村、农业、农民中间去的任何创业者都可以叫作科技特派员。科技特派员制度不是简单的下派人员，是对现有生产要素进行有效整合基础上的系统集成。[①]

科技特派员是 2002 年在中国福建南平先行试点，其创业模式（发源宁夏）称为宁夏模式。现在遍布全中国 90% 以上县，已经有 84 万科技特派员。科技特派员制度的灵魂是要找到和农民进行"利益共享、风险共担"的人群（包括专业技术人员、企业家等），利用共享土地机制，用市场方式发展创新驱动解决农业的模式，实现农业从田头到

---

① 参见科萱：《科技特派员制度破解"三农"问题的成功探索》，《中国科技产业》2006年第 8 期。

餐桌的一、二、三产业联动。截至 2013 年，科技特派员共形成利益共同体 5 万多个，创办企业 1.5 万多家。实施科技开发项目 4.5 万项，创业获利 400 多亿元，辐射带动农民 6000 多万人。①

首先，科技特派员制度有助于培育新型农业生产经营主体，促进现代农业发展和农民增收。科技特派员深入农村生产一线与农民结成利益共同体，在创办、领办企业、合作组织过程中领着农民干、做给农民看、带着农民赚。其次，科技特派员制度有助于推进新型农业社会化科技服务体系建设，加速农业科技成果的转化和应用。再次，科技特派员制度有助于促进科技金融结合，激发全社会参与农村科技创新创业的热情。"推行科技特派员制度"写入了 2014 年中央 1 号文件中，这标志着科技特派员创业已经成为农业农村创新驱动的重要抓手。为深入实施创新驱动发展战略，激发广大科技特派员创新创业热情，推进农村"大众创业，万众创新"，促进一、二、三产业融合发展，2016 年，出台了《国务院办公厅关于深入推行科技特派员制度的若干意见》。

2015 年，科技部结合深入推行科技特派员制度，提出要打造乡村版的众创空间——"星创天地"。"星创天地"是将众创空间引向农业农村，以农业科技园区、新农村发展研究院、科技特派员服务站等为载体，由政府引导支持，企业和社会按照市场机制运作，利用线下孵化载体和线上网络平台，为科技特派员、农村中小微企业、返乡农民工、大学生等提供创意创业空间、创业实训基地，构建科技咨询、

---

① 参见张来武：《创新驱动城乡一体化发展的理论思考与实践探索》，《中国软科学》2015 年第 4 期。

质量检测、科技金融、创业培训和辅导、管理、法律、财务等一站式开放性全方位新型综合服务体系。"星创天地"通过营造专业化、社会化、便捷化的创业服务环境以及创新创业文化氛围，降低创业门槛，减少创业成本，激发创业热情，提高创业成功率，促进一、二、三产业融合的现代农业健康发展，打造环境优美、生态宜居，人才、技术、信息、品牌、金融等要素集聚，现代化、信息化的田园城镇。

"星创天地⊕"的本质是指以园区联盟为基础，以新农村研究院联盟为基石的社会化服务的体系，在这一体系下打造第四产业"互联网⊕"的平台，第五产业"文化创意⊕"的平台和科技金融平台，在这样一个基于食品安全的电商平台和"文化创意⊕"平台之中，推动一、二、三产业融合，形成第六产业。2015 年 7 月，首批"星创天地"试点在重庆启动，将为全国深入推行科技特派员制度，推进农村"大众创业，万众创新"探索成功经验，为以六次产业理论引领创新创业、促进农业转型提供新的实践。

第四章 第五产业与创新创业教育 *

　　现在全国都在搞创新创业教育，许多学校还办了创新创业学院。可以说，我们即将进入真正的创新创业教育阶段。回顾改革开放以来我国教育事业的发展，经历了应试教育与素质教育阶段，现在正进入以创新创业教育为热点的阶段。1977 年恢复高考后，教育的首要目标是提升学生的学习成绩，特别是让学生能够考上大学。经过几十年的发展，随着改革开放和现代化建设进程的推进，全面提高国民素质就自然而然地成为教育事业发展的核心目标。1993 年 2 月，中共中央、国务院印发的《中国教育改革和发展纲要》提出，发展教育事业，提高全民族的素质，把沉重的人口负担转化为人力资源优势。进入 21 世纪以来，中国成为全球第二大经济体，但却面临着艰难的转型。现

---

　　* 2016 年 8 月 31 日，笔者应邀给西北农林科技大学 2016 级研究生入学教育作题为"第五产业与创新创业教育"的演讲。本章内容是在原演讲录音稿的基础上整理修改而成。

在提出实施创新驱动发展战略，引领经济转型升级。因而，创新创业教育就成为时代的呼唤和需求。

虽然我们提出创新创业教育的概念已经十多年，许多学校还办了创新创业学院，但事实上一开始我们并不知道如何搞创新创业教育。之前的创新创业教育，是应试教育的加强版，至多是升级版。随着信息技术、知识经济的迅速发展，教育的理念、内容和形式等都在发生深刻的变化。经济学理论也正在发生变化，当前的创新理论也是颠覆性的创新理论，从而将颠覆传统的教育理论，进入到真正的创新创业教育阶段。本章首先对全球化知识时代的教育发展趋势作出判断，在此基础上，从六次产业理论的视角，试图回答以下几个问题：到底什么是真正的创新创业教育？创新创业教育应以什么样的理论为指导？创新创业教育本身属于什么样的教育或产业体系？

一、全球化知识时代的教育发展趋势

（一）全球化知识时代教育的特征

全球化时代所具有的社会智慧化、科技普及化、知识生产化和经济全球化的特点，决定了现代教育特别是现代高等教育的四大发展趋势，即高等教育的现代化、国际化、产业化和综合化。要使我国高等教育适应新时代的发展，适应 21 世纪的挑战，首要的是改变教育思想观念，将教育视为生产智力资本的产业。而我国目前的教育思想观念是将教育定位于为谁服务，而未将培养智力资本的产业功能视为教育的本质。必须逐步把教育作为培育人力资本的产业放在经济社会发展的首位。时代决定着高等教育的发展趋势。我们所处的时代是一个全球化知识时代，其表现出以下四个明显的特征。

1. 社会智慧化

社会智慧化指以大数据、云计算、人工智能、物联网等为代表的信息通信技术、互联网络技术和数字技术等手段，造就了信息、咨询和互联网络等新兴产业，造就了知识化、信息化的时代，使得万物互联、组织扁平、信息共享、社会智慧，它将改变人们的思想和观念，以及生产组织方式和生活方式。创新是社会智慧化的引领动力。习近平总书记在党的十九大报告中指出："加快建设创新型国家。创新是引领发展的第一动力，是建设现代化经济体系的战略支撑。要瞄准世界科技前沿，强化基础研究，实现前瞻性基础研究、引领性原创成果重大突破。加强应用基础研究，拓展实施国家重大科技项目，突出关键共性技术、前沿引领技术、现代工程技术、颠覆性技术创新，为建设科技强国、质量强国、航天强国、网络强国、交通强国、数字中国、智慧社会提供有力支撑。"因此，创新创业教育面临的第一个时代特征就是社会智慧化。

2. 科技普及化

它是指在全球化时代，科技普及程度、实用性、应用速度对人们的影响度越来越高，科技对社会生产生活的影响范围越来越大，对人类的实际影响直接而显著。如在生命科学方面，美国、加拿大科学家培育出的抗虫害转基因水稻、玉米、土豆和棉花，也从实验到大规模播种。日新月异的科技革命的成果，无一不冲击人类的生活和观念，科技的普及化，使得个人对社会的作用凸显。科技的迅速普及和应用极大地改变着人类的生活和观念，如超高速火车和高速公路网打破了地域概念，卫星通信和计算机国际联网、信息高速公路打破了国界，通过计算机联网，一个人就可"拥有"一座图书馆、数据库、信息网络，等等。一方面，社会不再依赖少数技术人员、科学家和理论家来计划和实施宏伟的工程项目；另一方面，全球化时代要求普通人为科学发明、发现和应用贡献才智，他们都成为知识的生产者。

3. 知识生产化

知识生产化与新的教育思想紧密相连，所以要特别把它突出出来。全球化时代又是"知识生产化时代"，人类现在正从工业经济社会走向知识经济社会。所谓知识经济，是指以知识为基础的、以智力资本和技术为经济增长的主要推动力，以高技术和信息等新兴产业为支柱的经济。经济合作与发展组织（OECD）成员国发达国家的经济已十分依赖知识与信息的生产、分配和应用，智力密集型或称知识经济密集型产业，如教育、通信和信息等产业增长得更快。据统计，经济合作与发展组织的主要成员国，知识经济已占国内生产总值的50%。美国20年前还基本上不存在信息产业，但今天美国的信息产业占国内生产总值的10%，知识密集型的服务出口已相当于整个产品出口额的 40%。过去人们谈经济增长，总是谈劳动量、劳动时间、有形资本，后来人们发现，美国国民资源的增长并未发生太大变化，可是经济增长却异常迅速。而德国、日本能在第二次世界大战后的废墟上迅速崛起，则大大超出了当时人们的想象。这是因为当时人们过分看重传统意义上的资本，却没有看到这些国家国民的素质和智慧并未被战争摧毁。从此以后，人们在现实面前不得不重新审视自己的思想观念，开始意识到过去的资本观念是不完备的，真正完备的资本概念不仅包括物质资本，而且包括智力资本，认识到智力资本在现代经济生产活动中起着极其重要的作用。人们经过对美国经济增长的分析发现，近 20 年来，物质资本和智力资本对美国经济增长的贡献，后者超过前者的 10 倍。人们进而发现，对知识的投资不仅能增加知识的积累，而且能直接贡献于生产，直接贡献于经济的增长，而知识的使用经常是可以重复的，它对人类经济增长的贡献是持续性的，知识已具有直接生产化的趋势。知识生产化对教育的意义是显而易见的，因为教育就是造就知识的场所和产业，而知识又直接贡献于生产，这就意味着教育的观念在全球化时代必将发生根本性变化。

4. 经济全球化

社会智慧化、科技普及化和知识生产化，必然带来经济的全球化。其主要表现是：市场全球化、知识全球化、产业分工国际化（特别是金融产业国际化）、跨国公司全球化等。同时经济全球化也必然会对狭隘的民族观念、地域观念、国家观念带来新的冲击，尤其对教育的国际化带来直接影响。

（二）现代高等教育的发展趋势

全球化时代的四大特征，它们之间有着内在的联系，涉及信息科技、知识、经济等，这中间任何一项都跟教育密切相关。这样的时代特征，决定了现代高等教育的四大发展趋势，即高等教育的现代化、国际化、产业化和综合化。

1.高等教育的现代化

全球化时代所要求的高等教育的现代化，不仅是教育手段和方法、课程体系和教育内容的现代化、人才模式和人才培养模式的现代化、教育管理的现代化，最重要的是教育思想和观念的现代化。

2.高等教育的国际化

经济的全球化，必然促使现代高等教育的国际化。国际间或校际间的合作与交流日趋频繁，国际间留学、互派访问学者迅速增加，甚至各种形式的国际间联合办学也相继出现。例如，北京大学的光华管理学院就是由台湾的光华基金会在北京大学投资办学；中国青年政治学院的社工系，建系之初就确定了走联合办学的思路，并与香港城市大学签订了合作办学的协议；据1997年5月某报载，法国高等商业学校、英国牛津大学和美国达特茅斯学院签署了一项联合办学的协议，可谓"国际办学"；在美国，不少大学都把创办"全球性大学"作为未来发展的一个基本目标。1992年美国就提出大学要培养具有国际知识和国际经验的人才；在英国、德国、法国、日本、韩国和澳

51

大利亚等国家，也都提出要把高等教育的国际化作为本国高等教育发展的战略目标之一。例如 1995 年，日本大学审议会就提出，日本的高等教育应该培养"国际人"。

英国商务创新技能部、教育部联合发布英国教育全球战略《国际教育：全球增长和繁荣》（*International Education ：Global Growth and Prosperity*），提出五大战略在全球推广英国教育：欢迎国际学生来英国深造；支持跨国教育；领导世界教育技术的潮流；与新兴教育市场建立崭新的联系；抓住机遇创新英国教育品牌。因此，制定强大的国际化发展战略，开放英国高等教育市场，招收国际学生，输出英国高等教育，尤其是二流、三流大学(学院) 的国际化战略操作性极强。[①]

3. 高等教育的产业化

知识生产化、科技普及化，必然带来高等教育的产业化。高等教育的产业化，也反映出教育的社会化特征。高等教育由昔日的"象牙之塔"走向广阔的社会，深入社会发展的各个领域，越来越多的人在接受高等教育。这说明，高等教育的产业化包含或要求高等教育的普及化。例如美国高校入学人数占 18—21 岁人口的比例情况是：1890 年为 3%，1940 年为 16%，1950 年为 30%，1990 年为 40%，这种大幅度的递增趋势说明越来越多的人愿意接受高等教育，愿意为自己的高等教育投资，同时也说明高等教育越来越得到普及。越来越多的企业愿为自己的职工培训提供资助。在美国哈佛大学，两个星

---

① 参见管仲军：《关于英国高等教育的思考与启示》，《北京教育：高教》2014 年第 11 期。

期的培训费可达 1 万美元。高等教育的产业化还意味着，随着社会的飞速发展，知识的半衰期已大大缩短。有研究表明，现代社会知识的半衰期至多 3 年，这就不仅要求人们树立"不断学习、终身学习"的观念，还要求学生具有"独立获取知识，发展自己的能力"的意识，这就对高等教育进行产业化运作提出了客观要求，并使其成为可能。

越来越多的人或企业对高等教育的需求以及投资高等教育所能带来的丰厚利润，足以论证在经济全球化时代下高等教育的产业化是社会发展的必然趋势之一。

4.高等教育的综合化

高等教育的产业化同时意味着教育要提高质量，这就给高等教育提出了一个崭新的观念：高等教育的综合化。这也是新时代的一种必然选择。因为，经济全球化时代必然带来不同文化的相互渗透、不同理论的相互比较和借鉴，现代经济的智力资本密集化即知识化，现代产业的信息化和尖端科技的迅速普及化，等等，必然要求现代人才"厚基础，宽口径"，要求学科、专业的相互交叉与渗透，要求人文和科技间的融通和综合，要求更快地获取信息的能力，甚至于要求多种语言能力的、多学科兼通的复合型人才。为了适应现代社会不断变更的职业和工作内容，人们要有独立获取知识、不断发展自己的能力，而这种能力必须建立在坚实和宽阔的基础知识之上，具有全面综合的素质，这也就要求培养人才的现代教育综合化。

二、高等教育是生产人力资本的知识产业

经济全球化知识时代的四大特征和高等教育的现代化、国际化、产业化、综合化趋势，决定了高等教育是生产人力资本（human capital）的知识产业，即高等教育与知识经济产业直接相连，构成一体，教育涉及从经济基础到上层建筑的各个领域，教育对未来是一种关键性的投资，而非从属性的东西。

（一）人力资本是现代经济增长的最重要因素

现代经济增长理论阐明，人力资本（智力资本）是现代经济增长的最重要因素。早期是舒尔茨，后来贝克尔、丹尼尔这些人因这一理论而获得诺贝尔奖。比如舒尔茨就指出，决定性的生产要素将不再是空间、能源和耕地，决定性的生产要素是人的质量的改善和知识的增进。提出人力资本这一概念，是因为人们在测量美国经济发展的时候，发现美国的经济增长与其国民资源的增长不相称，资源投入没多少增长，可是国民经济却持续增长，按照过去的理论无法解释。人们发现，问题的关键在于对劳动的理解。因为古典经济学家假定劳动是同质的，只计算劳动时间（所以古典经济学家做的一件事情导致了整个社会对教育的误解），忽略了劳动的质的差别，也就是说忽略了人在脑海中还带有智力资本。智力资本虽然不能与人分离，但它确实存在。由于对这一问题的忽略，人们对教育的定位就和经济相分离。尽

管在近代社会中，许多发达国家的教育实际上已经产业化，但是在理论上一直没有提出这个问题，原因是经济理论一开始就有这个假定，这个假定已受到现代社会发展的挑战。另外，还有一个惊人的发现：有的发展中国家人均国民资源非常丰富，但发展不起来，原因在于教育水平太低、识字水平太低、对技术的理解和把握太低、管理水平太低等，一句话，智力资本太贫乏。由于缺乏智力资本的社会配套，经济不能高速发展。这两点发现使人们认识到，整个一套思想观念要更新。在经济增长理论上首先提出智力资本理论，对教育经济学提出了直接的挑战。

让我们来看几个问题，从而来使我们认识到智力资本这个概念必须充分地提出并延伸到教育界。第二次世界大战后，日本、德国迅速崛起。当时无论哪一位经济学家、社会学家以及政治学家都没有预料到。原因何在？战争炸掉了他们的房子，炸掉了他们的有形资本，人们很难相信他们会迅速崛起。因为那时资本的概念是陈旧的，后来人们才发现，其实这两个民族的精神没有被炸掉，人脑袋里的无形资本没有被炸掉，因而他们能迅速发展起来。人们从这一历史事实中得到启发：对过去资本概念得重新认识。日本为什么在资源贫乏、劳动力不足的情况下成为超级经济强国？那是因为日本的国民教育、整个国民素质、人的智力资本很丰富。智力资本已成为社会增长中最重要的因素之一，它作为社会的一种资本成分已经客观存在，虽然它是无形的。但任何一个国家的政府在未来竞争中都不敢忽视智力资本。

智力资本是经济增长的最重要的因素。从宏观角度看，20世纪中叶，在美国的经济发展中，智力资本与物质资本相比，它的贡献竟

是 10：1 的关系，也就是说，智力资本的贡献是物质资本贡献的 10
倍。在日本，有一个更具体的测算，教育带来的劳动的知识和智力的
提高对社会经济所起的作用是 52%，科学技术的进步所起的作用占
43%，传统资本的增长对社会经济增长的作用仅占 5%。从这个意义
上讲，谈教育和经济之间的相互关系时，教育不能不重视对现代经济
增长起最主要作用的因素——智力资本的形成。

（二）人力资本的定义

人力资本的定义是什么？应该是指人们花费在教育训练、健康和
信息方面的支出所形成的知识和技能，指人们通过学习和训练而凝聚
自身的一种活的智力和活的生产力，这种生产力不单是指某种技能和
专长，而且包括丰富的知识、开阔的视野、创造性，一个人的理性、
健康的心灵，基本的审美能力，这些都是人力资本。这不只是一个理
论概念，从行为科学的角度看，也是可以计算和测量的。事实上，已
有越来越多的办法可以测量智力资本。例如，一个企业，其传统的资
本大家都知道，厂房、机器、设备等固定资产，银行存款、有价证
券、股权投资等，这些都好计算，企业的人力资本如何进行测量则需
要专门的方法。一个企业的员工，特别是决策人员的胜任能力、企业
的商标和声誉，甚至于企业的数据库和手册、组织结构等，这些内容
都构成这一企业人力资本的基本内容。现在世界上有许多大企业专门
设立副总裁叫知识主管、人力资本主管或首席知识官，说明人力资本
在现代经济中已进入具体化的操作中。具体化的操作就有一个市场前

景，市场的前景甚至直接给教育带来一种需求，不仅是理论上的阐述，它已经给我们教育现实提出一种需求和要求。

生产人力资本可分为几类活动：一类是正规教育，一类是在职人员的培训，一类是医疗和保健，一类是适应就业机会迁移，这其中教育占 75% 以上。这里至少有一点我们可以肯定：教育是生产智力资本的主力军，是生产智力资本的主场所。如果现在还仅仅说教育是为经济基础服务的上层建筑，把教育置于为经济服务的工具性的从属性的地位，未免有点过时。当然，教育生产智力资本，这对教育本身提出了新要求，这就提出了终身教育的观念，提出了创新教育的观念。

三、什么是创新创业教育

我们现在讨论的创新创业教育是在六次产业理论框架下的创新创业教育，它不同于传统意义上的创新教育。六次产业理论告诉人们最具潜力的是第五产业的创新发展。第五产业是获取并利用人力资源和文化（包括科学文化）资源的产业。它的定位立足于为第六产业的经营系统策划设计，从品牌培育到经营直接满足人们精神需求的文化创意产品，生产人力资本和人工智能的创新教育产业，等等。在六次产业理论框架下，第五产业中的创新教育不同于时下各高校的创新创业学院。因为现在流行的创新创业学院是在传统的应试教育基础上增加一些创新做法，可以说是应试教育的加强版。这些虽然是迈向真正的创新创业教育的积极探索，但还不是真正意义上的创新创业教育。

事实上，各高校的创新创业学院的创新创业教育跟原来的教育比较，虽然在教育过程中更加重视培养学生的创新创业精神。不少创新创业学院除了找校长和主管部门多要点钱，多要点编制，增加一些老师，把学生的分数要求再提高一点以外，它究竟有什么变化？如果没有实质性变化，那就是应试教育的加强版，最多是升级版，而不是真正的创新创业教育，因为真正的创新创业教育需要最先进的创新理论指导，需要满足创新创意产业——第五产业的发展规律的要求。

六次产业理论框架下的创新创业教育应该具有以下一些基本特征：一是培养企业家精神。这种企业家精神是创新创业教育的灵魂。它既能够培养解决全球制造业各环节对不可再生资源的高度依赖和环境污染等，这样日益复杂的经济社会问题的企业家精神，也能够培养增加经济价值和社会价值的中小企业家创新精神。我们更加注重和需要培养那些有能力解决世界上最大的挑战并产生持久影响的创新者和企业家。二是培养创新创业能力。虽然创新具有不确定性和不可规划性，但创新创业能力还是具有一定的培养空间。例如，有了创新精神，有了创意，但如何得到市场融资，如何转化为真正的商品和服务，这些都是可以培养和培育的。在现实中，并非所有的发明家、企业家都能够获得适当的培训和专业的支持服务，甚至是怎么把他们的好主意进行测试、试验，更不用说将其推向市场了。这正需要我们在创新创业教育中提供一个创新创业教育的生态系统。我们现在不少高校的创新创业学院，刚毕业几年的老师或者辅导员从书本上获得创新创业知识，再在课堂中灌输给学生。老师和辅导员本身也没有创新创业经历。三是培育创新创业生态。创新创业生态是培育企业家精神、创新创业能力和推动创新产品和服务商业化的沃土。一个完整的创新创业生态圈的构成至关重要，它是六次产业理论框架下创新创业教育的核心要素。首先要运用第四产业——信息技术打破创新创业所面临的内部和外部壁垒，例如在高校创新创业教育中要提供跨学院、跨学科的创新生态机制；在天使投资、商业化运营等方面也要提供更加便利化的服务。从现实来看，这些生态圈的关键要素或多或少地都存在，但缺乏系统的平台使其成为一个有利于创新创业的生态圈。而这恰好是六次产业理论框架下，需要解决的突出问题。

过去我们研究教育一直有应试教育和素质教育之争，如果把创新创业教育再加进去就混淆了范畴。谈论创新创业教育，已经不是在教育学的范畴，而是在教育经济学的范畴，它基本上和素质教育相衔接、相协调、相融合，如果搞创新教育，搞得和素质教育都没搭茬，那肯定还是应试教育；如果仍是在应试教育的范畴，就很难进入经济学范畴，更不能适应信息化知识化带来的创新时代了。

四、创新创业教育需要什么样的理论指导

创新创业教育应以最先进的创新理论为指导。什么是创新理论？许多人天天谈创新，却对创新理论知之不多，这是一个很遗憾的事。一般人容易把科技创新认为是一个科学的概念、技术的概念，而不当成经济的概念，这首先在认识上就有偏差。创新理论最早由熊彼特在其《经济发展理论》著作中提出："创新是指把一种新的生产要素和

生产条件的'新结合'引入生产体系。"它实际上就是一个经济学概念。熊彼特认为,资本主义经济打破旧的均衡而又实现新的均衡主要来自内部力量,其中最重要的就是创新力量,正是创新引起经济增长和发展。

(一) 线性创新理论

1945年万尼尔·布什提出了线性创新理论,至今仍然主导着我国科技创新的政策和管理。"线性创新模型"是为理解科学技术及其与经济的关系而发展起来的一个理论框架,该模型假定创新从基础研究开始,然后到应用研究和开发,最后以生产和扩散结束(基础研究→应用研究→开发→生产和扩散)。这个模型有利于研究者游说政府源源不断地提供研发资金。线性创新模型为什么具有如此强大的生命力?一个核心原因是基于线性模型开发的统计体系,可以比较简单地为创新所需要的政府预算提供经济学支持。

创新如果是线性的话,那就可以人为设置,校长可以设计,市长可以设计,那么创新变成了政府的行为,但这常常导致低效和失败。受生命科学的双螺旋影响,美国学者创立了创新双螺旋理论,这个理论的基本概念是,创新是一个复杂的系统过程,有两股力量相互作用,一股是推动力,另一股是吸引力。推动力是来自于科学技术的进步,吸引力是来自于市场的竞争,即企业家风险精神和利益驱动,在这个中间进行搅拌、进行螺旋。至于这个螺旋是什么?没有一个理论说清楚,创新理论本身也没有说清楚。

（二）三螺旋创新理论

中国学者创造了一个三螺旋创新理论，三螺旋创新理论与双螺旋创新理论的区别在于，把科学和技术作为两个不同的螺旋，它有两个重要贡献。第一个贡献是把科学螺旋独立出来，并且发现基于科学及文化创新形成的第五产业，从而颠覆了三次产业理论；第二个贡献是，说明科学、技术、市场应用这三螺旋究竟怎么螺旋，我们用公理化及其系统运算来说明这个螺旋，也就是说这个螺旋你可以用一个小学的"+"号，上边画一个圈即"⊕"，这就是公理化体系的运算。这种运算，在中文中我们叫融合，在经济学中我们叫创新。螺旋正是运算，正是融合，正是创新。以前人们简单用"+"时，把最重要的东西即融合创新忽略了，这样创新只是口号，天天在呼喊，所以学术上不能深入，实践上也解决不了问题。在这里我们特别强调的是科学和技术是两个不同的螺旋，这是因为有时科学与技术是相关的，科学带来了技术的突破，通过技术来推动经济的发展，但有时候科学通过生产性的知识而无需通过技术的转化直接进入生产，特别是进入第五产业推动发展。为了使三螺旋创新理论更具有操作性，我们把创新分解为基于科学的创新、基于工程技术的创新、基于客户的创新即以客户为中心的创新和基于系统效益的创新。如果说第四产业的创新同时依赖于信息科学和信息技术的创新，那么第五产业的创新则主要依赖于基于科学和文化的创新。再如果说第四产业科学技术创新突破了时空和产业边界，带来了跨界融合和系统经营的平台和网络，那么第五产业科学文化创新开辟了依靠人力资本和注重精神需求及系统策划的新产业，将展示创新教育及文化创意的无限潜力。

应该指出的是，本书所提的三螺旋创新理论与美国纽约州立大学的社会学家亨利·埃茨科威兹（Henry Etzkowitz）[1]最早提出并被洛埃特·劳德斯多夫（Loet Leydesdorff）等学者所完善的三螺旋创新理论模型不完全一样。相同之处是两者都基于创新的非线性模式，不同点是后者主要用于解释创新的主体即大学、产业和政府之间的相互关系，而笔者着重反映推动创新的三种力量与创新之间的关系。相比较而言，笔者的三螺旋创新理论是对双螺旋创新理论的继承和发展，是创新的三种驱动力的螺旋关系，而亨利·埃茨科威兹的三螺旋创新理论是创新三主体之间博弈的解释框架。在信息化高度发达的时代，生产性知识（科学）也可以直接进行产业化，而不一定要经过技术这个中间环节；同时，市场的拉动所引发的创新，有时也不需要新的科学发现和技术发明来支撑，例如管理创新、商业模式创新、品牌创新和组织创新。因此，用笔者提出的三螺旋创新理论能够更好地解释科学发现、技术发明、市场应用三种力量之间以及它们与创新之间非线性、多方向、多层次的复杂互动关系，这就对我们认识创新驱动发展提供了一个全新而实用的理论武器和分析视角。

事实上全球最大的互联网企业"GAFA"（谷歌、亚马逊、脸书、苹果）正在用它们的第四产业模式改变了产业竞争方式，也改变了人类的生活方式。而中国的四强"BATX"（百度、阿里巴巴、腾讯、小米）也正在用第四产业和第五产业的模式，即大数据、云服务和中国

---

[1] 参见［美］亨利·埃茨科威兹：《国家创新模式：大学、产业、政府"三螺旋"创新战略（增补版）》，周春彦译，东方出版社2014年版。

文化创意融合和"4Ｉ"（投资、孵化、创新、国际化）战略，多头并进。它们最终谁笑到最后要看谁能善于采用文化创意即第五产业去创造和颠覆市场了。比如，微信成功开发了中国人的社交文化，美图秀秀实现了美的创意。

　　总之，创新创业教育需要以六次产业理论框架下的"三螺旋创新理论"为指导。

五、创新创业教育属于第五产业

（一）第五产业生产函数

　　什么是第五产业？第五产业输入的是科学知识，通过创新教育产业把它变成人力资本，再把人力资本结合文化创意或系统策划变成创业项目，把科学知识和文化资源在创业项目中变成第五产业的生产要素，这就是第五产业的概念。第五产业是六次产业理论中最具有潜力的产业，有三条产业主线：第一，它生产和应用人力资本，包括人工智能。第二，它专门为第六产业进行跨产业融合发展提供系统策划，没有导致跨产业融合的螺旋策划就没有第六产业的产生。比如把一、二、三产业融合的系统策划做好，就将现代农业从第一产业变成农业第六产业。第三，它专门把人们的精神需求转化成市场附加值，即从文化要素中，通过创意设计出注重满足人们精神需求的产品，从而实现满足人们精神追求甚至梦想的高附加值经营。

我们可以把第五产业生产函数表述如下：

$$Y = y[h\,(n,\,k),\,m]$$

其中，n 代表前沿的科学知识，k 代表教育投入，m 代表创意或策划，h 代表人力资本也代表创新教育产业函数，它来源于反映社会文明的前沿科学知识和学校、企业、个体的教育投入，y 代表第五产业函数，它反映了人力资本和创意策划共同决定第五产业的（价值）产出。比如说，一个孝子，希望他的母亲天天能吃到五常大米，如果某个企业能保证按期、按质、按量给他的母亲提供这个服务，那么，该企业就可以获得超出大米市场价格之外的收益。这是因为他的需求不是大米而是尽孝心，这种服务满足了他的精神需求。又比如男生喜欢女生要追求她，请她去看喜欢的电影或听音乐，那个电影或音乐票价加倍也愿意。因为这场电影或音乐会满足了女生的精神需求。人们已经进入了一个追求精神需求的时代，互联网已经可以给人们提供一个虚拟空间以实现其梦幻追求的世界的时候，人们就有办法，比如结合文化资源，通过创意把满足人们精神的需求转换成市场高附加值。未来品牌战略不仅来源于具有使用价值的物质产品的服务，更主要来源于对精神需求的直接满足的独立策划。因此，若不知道精神需求是附加值积累不尽的源泉，就不能理解第五产业的精髓。

综上所述，第五产业的生产过程是以人力资源和文化资源为其生产要素并使其成为人力资本，其产品或为人工智能，或为第六产业的系统策划，或为精神产品，或为满足精神需要而增加高附加值。

（二）第五产业概念框架下的创新创业教育

而基于科学的创新和基于文化的创新（即人力资本在开发文化资源以满足人们美好生活的文化创新），是第五产业经营的特征。而这些都可以通过创新教育和智库产业来实现。因此教育也是生产人力资本的第五产业。在这里，人力资本完全取代了货币资本。人力资本到底有多重要？经济学专业的人知道，在20世纪80年代传统宏观经济学突然发现，经济增长有一半的贡献来源无法说明，后来人们提出了人力资本的概念，但是这个人力资本的理论是有欠缺的。因为在三次产业理论的框架中谈人力资本，只能是对教育的投资，这个方法虽不错，人力资本确实需要教育的投资，然而，三次产业理论把人力资本简单地归结为跟货币资本一样，人和资本两种属性硬生生地把他们归在一起，进行像货币资本一样的处理，首先就遇到自由流动的问题，同时还有所有权管理的问题。人力资本既不能像货币资本那样自由流动，也不能像货币资本那样由银行管理。因为，它涉及人才环境、人才政策、人才教育，而且人力资本的发挥还受到情绪的影响。因此，以传统的经济学方式处理，人力资本只是在三次产业的经济学下的一种进步，甚至得到了诺贝尔奖程度的认可，但是人力资本理论只有在六次产业理论中获得新生，只有在第五产业创新中才能获得独宠。特别在互联网经济和创客经济时代，谁有了人力资本、有了聪明的创意，他真的就不惧他的雇佣者。所以，从这个意义上来说，第五产业才是处理人力资本的概念的有效理论。

创新教育就是生产人力资本的产业，需要指出的是教育成了产业也是有争议的，特别是在我国经历了教育盲目扩张和名为教育实为房地产的较为混乱的阶段之后，社会上真可谓谈教育产业而色变。但是我们谈教育也是产业，不是房地产那种产业，不是到银行去乱贷款的产业，不是简单扩大规模从学生那里收费的产业，更重要的是创造第五产业的产业。它强调的是培养人才，先把人才造就出来，携带着人力资本去创业就业、发展致富，不是学校来发财。

当然学校在办创新教育这个第五产业时也一定要良性循环。所以当我们反思过去30多年的投资驱动的发展模式给教育的产业带来错误方向的时候，我们开始不自觉地否定教育也是生产人力资本的产业，这是走向另一个极端。事实上教育具有双重性，一方面它是人类用以塑造人的精神文化，是第五产业的重要因素；另一方面它也是生产准公共产品的产业。六次产业理论认为教育是生产人力资本的产业，是可以通过第五产业创造社会的文明修养。在第五产业中，社会的修养也是社会的资本，社会资本通过经济市场也能形成整体效益，就如生态、环保一样。一个具有环保前景的全产业链经营的企业在资本市场，在国际资本市场，比你一个破坏环境的企业在资本市场受的青睐可以是五倍十倍的不同。也就是说，第五产业提供了一种思维，它是一个社会价值的共同需求和认可。通过第五产业的策划，在资本市场上去获得整体的回报，在第六产业的经营中获得高回报。由此可见，有系统经营这个环节，有了第六产业，第五产业就能大放光彩，第五产业大放光彩的背后，社会共识、社会价值转换成社会资本，就能对经济具有新的导向。

第五章　六次产业理论视野下的社会治理[*]

　　社会治理与社会管理不同，过去主要强调的实际上是政府的社会管理。本章讨论六次产业理论视野下的社会治理。谈到社会治理，中国社会学界的大师级人物——费孝通先生，他的博士学位论文《江村经济》主要研究从农业社会向工业社会转型的苏南模式，他的研究在国际上得到广泛认可。现在无论是政治学界、经济学界、社会学界都在谈社会治理。我们所处的时代是创新时代，社会治理必须适应创新时代，适应创新驱动发展战略。创新是当今时代的本质特征。应对全球化过程中能源、食品安全、生态环保、可持续发展等经济社会各方面的挑战，创新是唯一的希望。

　＊　本章内容是根据笔者 2016 年 11 月 24 日在复旦大学社会科学高等研究院举办的"重新发现中国论坛"之二十二"聚焦社会治理：理念、理论与制度创新"学术论坛上的主旨演讲整理修改而成。

一、以三螺旋创新理论来分析中国创新的现状

在创新理论中，首先需要有一套先进的工具来分析中国的创新问题。过去主导科技创新的理论是线性的，即创新是沿着基础研究、应用研究、企业应用这样一个线性模式递进的过程。因此，有关创新理论和应用的课题都是按照这个思路来设计的。但是在现实世界，创新远不是线性的，也不能仅仅依靠政府来设计。

关于创新理论，我们提出三螺旋创新理论，即科学的螺旋、技术的螺旋和市场应用的螺旋，它包括了创新的推动力、应用力，是一个复杂的系统工程。螺旋用数学语言来说是一种运算，可能是一个非常复杂和神奇的运算，用通俗语言称为融合，在经济学中又称为创新。这通常不是一个线性可解的函数，为此我们用一个更可操作的概念来描述三螺旋创新理论，即"四大创新"：基于工程的创新，基于以客户为中心的创新，基于科学的创新和基于系统螺旋（效益全能型）的创新。

（一）基于工程的创新

如果用三螺旋创新理论的语言来分析中国社会这 40 年来的创新发展，在不同侧面上我们会得出不同的结论。我们首先从基于工程学的创新视角来分析我们的创新，即以技术创新带动工程，中国基于工程的创新有的做得好，如高铁、风电、电讯等方面有着卓越的

成就，中国汽车产业的创新却很不足。好的地方在于政府可以集中力量办大事，比如"两弹一星"工程，这方面中国有丰富的经验。究其原因，主要是中国从计划经济走来，但凡是政府买单，或者全局共同买单不需要市场细分时，我们都做得不错。然而，一进入工程学的创新系统，像汽车产业这样需要市场倒逼机制的，却做得很差。

（二）基于以客户为中心的创新

在中国40年的转型过程中，以客户为中心的创新，其实中国在这方面的能力并不差。我们的电视、电冰箱做得很好，网络服务业也做得很好。这里有一个问题。前面的电视、电冰箱等传统行业做得好，这跟深化国企改革非常一致，跟股份制推行非常一致。后面做得好的网络服务业，在世界上十大互联网企业，中国占了四个（阿里巴巴、腾讯、京东、百度），有令人瞩目的成就，但是没有一家是国企。这说明要解决这个市场化中的创新问题，国企改革仍然任重而道远。这些互联网企业能否解决以客户为中心的问题，能否解决与世界融合的问题，依然面临着很大的挑战，毕竟网络信息化需要更多的融合开放创新。

（三）基于科学的创新

然而，对于基于科学的创新，基于系统的创新，是我们国家最大的弱点。长期困扰我们的食品安全问题，从土地到餐桌的系统出了问题，系统创新不足。不仅经济发展如此，社会发展也是如此。点对点我们力量很强，甚至于某一条线上我们也能解决问题，但是一走向系统，我们就显得苍白无力。为此，我们要用三螺旋创新理论来分析中国创新的发展。我们40年来有成就，但是现在面临转型是真正的历史挑战。原因是什么？这跟社会治理关系极大。事实上，中国在创新理论中从来没有清晰地意识到"基于科学的创新"的重要性。基于科学的创新最重要的关键因素是知识，是科学。而这方面我们显得"资源紧缺"，这也是我们在这方面创新做得不好的重要原因。

（四）基于系统螺旋（效益全能型）的创新

基于系统螺旋（效益全能型）的创新是效益全能型创新，这是在前三种螺旋创新基础之上的系统经营，也就是说将各种要素系统性地进行有效组合。在这方面我们应该向美国学习，尤其要学习美国用合作博弈进行的一些市场设计。美国人取得了从诺贝尔奖到一系列实践操作的成功，依靠的便是合作博弈。实际上，合作博弈并不容易，而因没有合作博弈造成的困扰在我们的现实生活中比比皆是。例如，政府在制定政策时，如果不讲究合作博弈的方法论，政府制定、社会服从，这在社会治理的方法论中是最落后的。

二、创新时代的创新经济学与社会治理

下面我们讨论怎么来解决这些问题，有什么新的工具和思路？我们刚才是从创新理论看，现在我们从创新经济学来看。费孝通的成功在于不是从政治上来看社会治理、来看社会学研究，而是从经济的角度来分析社会关系和社会结构的，他从江村经济蚕丝业的发展，得出农村也可以搞工业的结论。这是从农业经济向工业经济转型的时代的本质。

（一）创新时代的创新经济学

现在我们处于信息化知识化的创新时代，需要有走向创新驱动的战略。此时创新经济学有没有发展起来？首先，中国目前指导转型的传统经济学理论，不论是新古典主义，还是凯恩斯主义，它们背后的理论跟创新经济学格格不入。我们的创新经济学不是把熊彼特的创新理论从非主流推向主流地位，熊彼特的创新经济学并不能够替代新古典主义，因为仍然是在原来的经济理论体系中。

我们的创新经济学是在三螺旋创新理论的基础上形成发展出的创新理论，它包含了新一代的信息技术和信息经济学理论，并运用新的方法，特别是合作博弈论，来重新融合各种有价值的经济学模型和经济学工具，甚至于把社会学、政治学有些交叉学科融合在一起来创新，为此，它是一个创新时代的创新经济学理论。在这个基础之上，我们认为，创新社会学才能解决创新时代的社会治理。创新经济学带来的创新产业经济学是六次产业理论下的产业经济学，已经突破了三次产业理论框架。

现在大家熟悉的经济学理论和经济学社会治理都是基于三次产业理论，一、二、三产业，国内生产总值的统计都是如此。我在这里分享我们的观点，三次产业理论是 20 世纪早期工业化时代的产物，是农业经济向工业经济转型的产物，它已经严重的过时，落后于信息化、知识化时代，更不要说是创新时代。三次产业理论的划分，当时是为了解决农业经济向工业经济过渡。除了把工业从农业经济脱离出来，对工业经济进行深入的分析以外，它把剩下的所有产业都归到第三产业。这一理论，对于信息化时代、知识化时代，特别是产业融合所带来的经济社会规律，都没有任何解释和预测能力。

在我们的创新经济学理论，有一些基本的结论：（1）基于科学的创新将会导致第五产业，即"文化创意⊕"的产业；（2）基于系统的创新来源于互联网，即第四产业；（3）有了第四、第五产业，能够在一、二、三产业基础上，通过对全产业链进行重新构造形成第六产业。在产业分工的条件下，创造了一、二、三产业，可以通过第四、第五产业的渗透，能够创造全产业链二次经营，系统经营，这个系统经营产生的综合产业叫第六产业。把第六产业应用到现代农业和食品安全的产业，就是农业第六产业。它从土地到餐桌的全产业链系统构造，不仅能解决产业利润问题，也解决食品安全问题，并能解决目前农业在国内生产总值中份额下降的问题。如果能把中国基于农业的种养业、加工业、服务业转型问题、创新驱动问题解决了，中国的创新驱动也就能实现了。我们从这个角度提出了六次产业理论。

我们说"互联网⊕"这个不是加号，是加号上画一圈，表示的是运算，是一种表示融合的运算。这个产业可以变成第四产业，它的特征是虚拟、扁平、个性化、全球化。这个产业有一些基本的关键词。它是个平台经济，基本的利益来源基于点击率的资本经营；经营特征更多的是利用资本经营。

第五产业，即"文化创意⊕"，是我们独创的产业。这个产业有三个功能：第一，是把人们的精神需求转换成市场附加值。在这个时代，通过互联网、虚拟现实，人们可以把精神需求变成实际产品，把精神需求转换成市场附加值，同时人们也在不断地追求这样的需求。第二，它生产人力资本，包括跟大数据相结合起来，生产人工智能。AlphaGo与韩国著名围棋手李世石的人机大战，充分说明了大数据可以带来效益，可以带来社会竞争能力的提升。它与创新教育密切相关，跟社会治理也当然是密切相关。第三，在一、二、三产业经营的基础上，经过文化创意系统策划，系统地再经营，传统的人财物不用增加，就能通过系统经营，化腐朽为神奇。搞并购、搞重组的人深懂其中的奥妙。这样一个系统经营能不能创造新的第六产业？如果能，那就是创造了一个新的神奇，发展了一个真正的新经济、创新的经济。第五产业的关键词是人力资本、人工智能、系统设计、梦想社会。

（二）创新时代的人力资本与社会治理

创新时代对我们的社会治理带来什么样的启示和挑战？杰里米·里夫金的《第三次工业革命》对美国和发达经济体进行了分析，发现传统的资本和劳动力对经济的贡献约 14%。这就意味着 86% 左右的贡献是来源于全要素生产率的提升，尤其是人力资本的贡献。尽管中国经济现在当然达不到这个程度，但未来中国经济创新的人力资本聚集非常重要。人力资本作用发挥的前提是人的自由流动，这是不是社会治理的关键？

以中国现在的单位为制，无论是大师级的专家还是普通的员工都是一样给束缚起来。这样的社会管理、社会治理是不是阻碍了人力资本对经济、对社会的贡献？像这样的问题被提出来。

第六产业有几个关键词，即产业融合、系统性。互联网带来了融合能力，文化创意是文化性的，更具创造性的。它不能被简单的条块分割。在这样的情况下，要真正解决人力资本以及由此带来的社会治理问题，社会生态是否准备好了？一个人，即使是大师，解决不了社会问题，解决不了整体经济的转型问题。

六次产业理论把它总结成为创新网络，中国能不能建设起创新网络支撑的创新生态？这里的创新网络定义为是联盟和实体平台的有机结合。我们国家有很多社会组织，亦然以政府管理的方式从事社会治理，在某种意义上说是一种准政府社会治理模式。这种社会组织在社会治理中发挥着独具特色的作用，但就创新驱动视角下的社会治理而言，这种社会治理方式解决不了刚才说的问题。它必须是贴近客户的、贴近民生的、贴近市场的，构成适应创新时代的社会治理网络。这怎么成长呢？跟实体平台的第四、第五产业的服务结合起来，尤其跟第五产业的服务结合起来，使得你能自我生存，使你不需要看单位领导的脸色，你是独立的，无主管的。因此，要发展社会治理的创新网络联盟，应该走向无主管。

这样一个创新联盟是新型的联盟，并且是和实体的第四、第五产业的平台有效结合起来，形成了创新网络，并跟互联网网络结合起来，加上一套政府的创新政策体系，这样的创新生态就出现了。有了这样的创新生态，社会治理大不同。创新网络建立的本质是要理解所谓的分享合作，它的本质是开放创新，最重要的操作是融合，利用零边际成本互联网带来的效益，利用文化创意无所不在无限地提升附加值空间。而这恰好是第五产业的特征，利用人力资本，并且它可以源源不断来自于创新教育。在这样的环境下，社会问题、教育问题、新经济发展以及新的社会治理都可以依托这样的创新模式。

三、创新时代的社会治理的理论基础

对于社会治理的主题，我们都熟悉的语言是开放的公共管理，广泛的公众参与。我们搞社会治理，政治学、社会学比较熟悉的是这样的语言，但是怎么操作呢？社会治理既需要社会学、政治学的理论，更需要行为科学的方法。我们要做什么？市场失灵怎么办，政府失灵怎么办？

（一）创新网络与社会治理的关系

在第四、第五、第六产业，创新网络与社会治理是什么关系？这里的一个关键问题是所谓的非正式关系。奥斯特罗姆（Ostrom）是政治经济学家，获得了诺贝尔经济学奖，是因为她提出来的非正式关系。非正式关系的特点，既没有纳入正式的市场规范，也没有纳入正式的行政制度。这是什么关系？它就是创新网络的关系。创新网络不需要纳入市场竞争的规范，如果那样，它就没法合作，没法共享。它更不需要纳入行政制度中，那样变成政府行为了。中国的非正式关系怎么治理？如果有了这样一个研究，你就能找到社会治理的主体和六次产业创新网络之间是什么关系，就能找到中国的社会治理主体在创新经济社会发展中如何成长。

（二）社会治理中的联盟组合与合作博弈

我们认为社会治理问题依靠未来联盟组合，所谓创新网络是具有合作性的系统是无比重要的。没有自我生存能力的联盟，全靠财政收入的联盟是撑不起所谓社会治理的主体，创新网络骨干也是撑不起来的。这样一个社会体系的存在，它的运行机制一定要去研究多方合作的博弈机制。其中最关键的方法论是沙普利（Shapley）的合作博弈论。区块链的方法或许也将使人们柳暗花明。

在社会治理中，比较通用的概念是民主性、公开性、公正性。第一，民主性是主体意愿。创新联盟应该是自愿形成的，不能强求，可以自愿退出，但是要有规则。第二，公开性，大家容易理解。第三，公正性，这是问题的本质。这里面深奥无比，神通广大。传统经济学强调的是自私，所以传统经济学从来没解决人类的效益与公正的平衡，原因是它对公正没有一套有效的定义和方法。沙普利重新定义了公正，他是用公理来定义公正，大家来约定一个公正，贡献所得相适合，就是所得与贡献相适应，这叫公正。沙普利和罗斯（Roth）由于合作博弈和市场设计获得诺贝尔奖。沙普利与他的合作者提出一套合作联盟的形成算法，称为 GS 算法。它最初考虑婚配问题，形成了一个稳定的婚配算法（注：盖尔（Gale）和沙普利（Shapley）发表于1962 年《美国数学月刊》的论文中首次提出，又称 DA 算法）。罗斯把它应用在实验经济学上进行了匹配理论的创建，进行了市场设计。

　　沙普利和罗斯从合作博弈和市场设计的角度，提供了一个实验经济学基础理论模型。我们同样可以用它进行社会治理的建模和设计。随着信息技术的发展，合作博弈论中关于信息不对称的一些假设条件正在发生深刻变化。同样，基于信息共享、合作联盟的社会治理，也需要新的理论和方法，如果找到了这样的方法，我们就能够找到社会治理的行为科学方法和模型。

第六章 科技创新的宏观管理：从公共管理走向公共治理 *

经济发展方式的转变以及知识经济时代科技创新的特点决定了我国原有的科技创新宏观管理体制及其运行机制已经不能适应新时代的要求，需要在新的科技创新理论以及新的公共管理理论的指导下进行重构。推进科技创新的公共治理，要准确把握政府和市场之外的第三方力量，并充分发挥非正式关系的作用。政府应该积极推动自身职能的转变，为第三方力量的发展腾出空间；第三方力量应勇于探索，积极回应科技创新宏观管理体制的转型，不断完善组织体系，加强能力建设，提高服务科技创新的能力。

---

* 本章内容源自张来武：《科技创新的宏观管理：从公共管理走向公共治理》，《中国软科学》2012 年第 6 期，本章内容作了进一步修改。

一、经济转型要求科技创新宏观管理体制的转型

（一）科技宏观管理存在的问题

长期以来，我们对科技创新概念理解并不准确，把科技创新等同于科学发现和技术发明。由于这种理解上的偏差，导致我国科技创新宏观管理体制一直侧重于狭义的科技进步的功能，而对科技成果商业化的宏观管理功能则分散在其他管理体制之中。实践一再证明，这种单一功能性的制度安排，并没有使科技活动及其管理较好地与经济、社会发展的全局性要求和中心任务密切结合起来，往往造成科技、经济相分离的"两张皮"，即科研机构、高校游离于企业之外，科研机构与高校之间相分离，大学的教育与科研"分家"，使得本来是一个紧密相关的创新活动，被人为分割为若干个相互脱节的环节，造成有限的科技创新资源难以实现优化配置，科技创新资源短缺与闲置浪费并存，资源利用和投入产出效率不高。

（二）科技宏观管理需适应经济转型需求

在整个经济社会体制及其运行机制中，科技创新宏观管理体制、机制只是其中的一个子系统，要服从于大系统的协同性要求。当经济社会体制及其运行机制发生重大变化时，势必要求科技创新宏观管理体制、机制随之转变，成为新体制及其运行机制中的一个有机组成部

分。在过去相当长的一个时期内，我国处于投资驱动型的经济发展阶段。在此阶段，资本要素起着主导性作用，科技要素只是充当配角，因此对科技创新的需求相对较低。但随着知识经济的到来以及我国经济发展方式的转变，科技创新作为一种生产要素，其重要性将日益提升，并将超越资本成为经济发展的主导要素，因而在这一阶段经济、社会对科技创新的需求日益增长。而我国现有的科技创新宏观管理体系尽管在历史上为经济、社会增长作出过巨大的贡献，但已经无法完全满足新时代经济、社会发展对科技创新的需求了。这就要求我们要转变科技宏观管理体制、机制，使之更有利于培育与发展全社会创新体系，充分调动各方面的创新资源和挖掘其潜力，以满足新的发展阶段对科技创新的旺盛需求。

二、科技创新宏观管理需要理论创新

(一) 知识经济时代科技成为决定性因素

知识经济是一种信息型经济，它使人类社会的经济增长方式发生了根本性的变化。如果说农业经济中土地和劳动力、工业经济中资本和资源是经济增长的决定性因素，那么，知识经济的最主要因素是对高新技术的掌握，以及隐藏在高新技术背后的知识创新和有用信息的及时获取。在知识经济时代，科学和技术都能提供物化的可能和现实，生产则成为物化的具体实现过程。这是因为在信息编码技术产生以后，科学可以不经过专利的转化，直接成为智力资本，作为生产要素进入生产。知识经济时代的到来使得科学、技术和生产三者之间相互渗透、相互影响，以致出现了密不可分的趋势。此外，在知识经济时代，科学技术各个领域之间相互渗透日益加强，科技创新也日益成为一个复杂的系统工程。反馈是系统的一个重要特征，因此在知识经济时代，信息反馈在科技创新中的作用得到了极大的提升。信息反馈并不是科技创新中的信息传播的简单重复，而是在更高或新的层次上的回归，反馈信息经过了创新者的自我调整和完善，经过了实践的检验和修正。建立在信息反馈基础上的科技创新，才是既能充分利用创新资源，又能充分贴近市场的科技创新。这样的创新，其效率将比线性创新模式大大提高。信息反馈如果作为科技创新的要素，它的作用应该比资金和资源更重要。

（二）科技创新的"三螺旋"理论

传统的线性创新理论把创新过程理解成单向的创新链。在这样的理论指导下，科技创新的宏观管理实践中往往容易忽略各创新主体之间的信息反馈（信息反馈即使存在也不频繁），割裂科学、技术、生产三者之间的互动关系，这样的科技创新必然是低效的，很多创新成果无法获得市场的认可，市场需要的创新其又无法提供。因此在知识经济时代，需要对科技创新理论进行创新，以便更好地指导新时代的科技创新的宏观管理。

科技创新的"三螺旋"理论便是在这样的背景下提出的。该理论认为，科技创新是将科学发现和技术发明应用到生产体系并创造新价值的过程，它是科学发现、技术发明与市场应用在协同演进下的一种复杂涌现，是这个三螺旋结构共同演进的产物。科学发现、技术发明和市场应用之间相互依赖、共同作用，形成一个螺旋式不断上升的过程。科技创新的"三螺旋"理论的提出主要来源于两个实践案例。第一个案例是硅谷的发展。半个多世纪以来，尽管世界经济多次大幅波动，IT产业潮流变幻，但硅谷总是能在起伏间一次次屹立潮头。从半导体、个人电脑、网络搜索到社交网络……在IT产业的每次重大技术变革浪潮中，几乎都至少有一家在硅谷诞生和成长的公司成为全球市场的引领者。硅谷成功的最主要原因是摒弃了过去线性的创新模式，发展出完备的网络创新模式，将科学发现、技术发明和市场应用有机融合在一起，相互促进，使出人意料的新产品能不断涌现。在这方面，雅虎就是一个典型的例子。不同于其他公司，雅虎在严格意义上从未独立开发出任何新的软件和硬件产品，"雅虎"只是一个普通的网络搜索引擎，开始时提供的仅仅是信息"目录"。然而这正是值得注意的地方，这种区别充分说明了知识经济时代的一个特征：知识与信息的重组将直接产生巨大的经济效益。科技创新的"三螺旋"理论的提出的第二个案例是宁夏科技特派员创业制度，其精髓是鼓励农业科技人员进行创业，但并不排斥单纯的技术服务，即两种模式兼而有之。这种制度安排有力地促进了知识和市场应用的结合。以宁夏辣椒产业为例，通过信息化的手段加上科学化的组织方法，一个辣椒专家的知识变成了关键的生产要素直接进入生产过程，而正是这样一个关键的生产要素救活了整个宁夏辣椒产业。

科技创新的"三螺旋"理论认为，市场和竞争是企业创新的真正动力。创新的根本动力来源于企业家对利润的追逐，具体则体现在两个方面。一是市场需求，在企业家创新的过程中，他们看重的是市场，看重的是利润，并根据这些来配置创新资源；二是企业竞争，真正解决创新动力的机制是企业竞争，如果企业能通过垄断来获得利润，它就不会有多大的动力去创新。缺少竞争压力的创新是难以为继的，这样的例子很多，如我们的国有企业创新的动力不足，因为它们通过垄断就可以获得高额利润；又如诺基亚虽然通过创新占领了中国市场，但却在获得垄断地位后又被苹果打败了。

科技创新的"三螺旋"理论其实只是对过去技术创新的"双螺旋"理论的一次否定或者一次创新，即突出了科技创新，而不是以前的技术创新，但它与达成真正的成熟理论还有漫长的路要走。因此，科技创新的"三螺旋"理论的价值在于对中国过去的创新实践和理论进行了否定，并为知识经济时代科技创新的宏观管理提供理论上的指导，但它本身仍需要再否定，并在解决实际问题中再创新。

三、科技创新的宏观管理：从公共管理走向公共治理

（一）科技创新的"外溢性"

科技创新的直接成果往往体现为知识，而对知识的消费并不会影响其他人的消费，创新者要阻止其他人免费消费该知识，即使是可行

的也是非常困难的，因此科技创新具有明显的外溢性，一项科技创新产生的社会效益往往大于私人收益。科技创新成果消费的非完全排他性，决定了科技创新的准公共物品属性。因此，需要对科技创新进行宏观管理，弥补市场失灵的缺陷。科技创新需要宏观管理，但是如果采取自上而下的"内向型行政"方式来管理科技创新已越来越不能适应科技创新宏观管理的需要，主要表现在以下两个方面：一是科层制的行政管理体制在本质上仍未从根本上消除计划管理的运行痕迹和框架，政府挑着经济与社会两副重担，没有将社会第三方力量的积极性充分调动起来，因此明显跟不上经济发展对创新的要求，也无法应对日趋复杂的科技创新公共管理事务。二是由于长期受全能政府等诸多因素的影响，我国的公共管理一直难以有完善的制度基础、设计精细的职能划分框架以及具有可操作性的政策工具、有效的公共政策监督与评估机制等。因此，"上有政策、下有对策"、"政策的部门分割"、"政策的相互打架"等就成为我国公共政策实施过程中的普遍现象。

（二）从公共管理走向公共治理

科技创新理论的创新和公共治理理论的出现和发展为解决这些问题带来了一线曙光。公共治理是由开放的公共管理与广泛的公众参与二者整合而成的公共管理模式，具有治理主体多元化、治理依据多样化等典型特征。首先，就治理主体而言，该模式主张不仅包括国家和市场，还包括其第三方力量如行业协会、自治团体等，各种治理主体应各展其长、各得其所；其次，就治理依据而言，该模式主张不仅包括国家立法，还包括社会共同体形成的规则甚至不同主体之间的协议等；在治理方式上，该模式主张依照公共管理的实际需要，在进行综合性成本——收益分析的基础上，遵照先市场后社会、再政府的选择标准，实现治理方式的多元化、民主化和市场化。公共治理理论强调多层次治理，强调通过公共治理主体的相互合作、竞争和监督赋予治理对象更多的选择权，从而使治理对象获得更好的服务，从而实现资源的有效配置。公共治理主体的多元化既反对政府垄断公共管理事务，也不是要将这些事务完全交给市场或第三方力量来提供。它不意味着政府从公共事务领域的退出和责任的让渡，而是政府在公共管理中角色、责任与管理方式的变化。

公共治理型科技宏观管理体制，要求在设定行为主体关系时，应具有较大的包容性、全面的覆盖性与强有力的黏合性，以及有容忍度、开放性等特征。这些特征有助于加强科技与经济的有机结合，促进创新主体的创新活力。推进科技创新的公共治理，需要我们在重构科技创新宏观管理体制时准确把握政府和市场之外的第三方力量，并充分发挥非正式关系的作用。

（三）科技创新中的第三方力量

"第三方力量"的概念虽然是由国外学者提出，但第三方力量在中国则是久而有之。如明清时期商帮的兴盛，就是典型的第三方力量，它是介于商人与商人、商人与政府、商人与社会之间的协调机构，也是当时全国最有影响力的经济性组织和最有生命力的新兴社会团体。商会在中国市场经济的孕育过程中，曾有过彪炳史册的业绩。历史上我国晋商、徽商的崛起过程中，商会的作用不可小觑。解决中国科技创新不足的问题，关键是要跳出"政府—市场"非此即彼的思维定式，寻求驱动科技创新的第三方力量。第三方力量作为独立于政府、市场之外的社会组织体系，代表着社会中不同层次、不同阶层、不同团体的利益，起着上接政府、下连市场和社会的"桥梁"作用。在促进科技创新时，第三方力量能够凭借其广泛的社会基础进行社会动员，最大程度地凝聚民间的社会资本，有效地整合社会资源，调动最大的社会力量参与到科技创新中去。第三方力量可以是企业的自治组织，也可以是公民的自治组织。无论是哪一种类型的第三方力量，都要保持其民间性、自治性、自主性等基本属性，否则第三方力量就会容易弱化，无法发挥其应有的功能。

2009 年诺贝尔经济学奖得主奥斯特罗姆提出非正式关系有可能解决某些市场失灵和政府失灵。在整个社会的运行中，虽然由正式立法机构、行政和司法机构制定的法律、法规是各社会群体在生产、生活中运用规则的重要来源，但相当比例的现行规则都是自组织治理体系创造的。这些规则就是非正式关系，它既没有纳入正式的市场规范，也没有纳入正式的行政制度中。通过建立非正式关系可以形成社会资本。社会资本是指社会网络的信任和参与。和其他资本一样，社会资本也是一种生产要素。这是因为社会资本能够通过推动协调的行动来提高社会的生产效率。在科技创新过程中，当各参与主体都以一种信任、合作与承诺的精神将其特有的创新资源结合起来时（即创新主体获得社会资本），就能够显著地提高科技创新的效率。例如，科技部的"省部会商"就是一种非正式关系，它是将地方发展需求与国家重大科技部署相结合，有效地提高了地方科技创新的积极性。再如我国宁夏科技特派员创业行动把现代企业的组织方式引入农村，把科技人员、农民、企业等捆绑在一起，形成"利益共享、风险共担"的利益共同体，通过这种非正式、非制度化的规则来整合全社会资源，推进技术市场化，实现创新与创业的有机统一。非正式关系的建立使得科技人员、农民、企业的社会资本都增加了，从而提高了科技创新的效率。

四、推进科技创新公共治理的对策

在我国，改革开放政策的施行，尤其是经济体制的转型和政府职能的转变为第三方力量的发展提供了空间，使我国的第三方力量获得了一定的发展，但当前我国第三方力量还很不成熟，存在管理制度不健全、人力资源严重不足、财务状况不佳以及资金短缺等问题，这又造成其能力低下、服务效率和质量不高以及缺乏变革的动力机制等一系列问题。我国第三方力量在民间性、自治性、自主性等基本属性方面还存在着很大的缺陷，这种状况显然无法满足国内经济发展对科技创新的需求以及知识经济时代对第三方力量组织功能的要求。推进科技创新公共治理，关键是要培育和发展第三方力量。当前可从以下两个方面着手。

（一）优化政府科技管理职能

政府应该积极推动自身职能的转变，为第三方力量的发展腾出更大空间。政府应积极转变职能，重塑国家与社会在科技创新宏观管理中的权力关系。政府科技创新宏观管理职能的转变不是削弱政府的作用，而是优化政府结构和功能，提高政府的效率和实际能力，同时合理界定其行为边界，把那些本来不应该由政府管理的事情、那些管不好的事情分离出去，交由市场和第三方力量来承担。通过政府职能的"归位"为第三方力量的发展腾出空间。在新的科技创新治理结构下，政府不是权力的唯一中心，公共权力是分散化的、多元化的，但并不否认政府权力的权威性。在对第三方力量放权的同时，针对我国第三方力量发育还不成熟的问题，政府还应加强对第三方力量的培育，增强其自我管理能力。首先，对第三方力量的建立要持积极的支持态度，为其发展提供优惠政策，并用法律形式保证其健康发展。其次，政府还要加强对第三方力量的监管，防止其背离自己的使命，并滥用政策优惠特权为组织牟利。第三方力量也不是万能的，它无法单凭自己的力量推进科技创新，必须与政府和市场部门合作，扬长避短、互为补充，而且作为公共治理的主体之一，第三方力量在自我约束的同时，也必须接受来自政府和公众及服务对象的必要监督。通过重塑国家与社会的在科技创新宏观管理中的权力关系，形成"政府—第三方力量—市场"这样一种多层次的联动体系，使科技创新以一种更有效的方式运行。

（二）提高第三方力量服务科技创新的能力

第三方力量不能坐等制度环境的改善，应勇于探索，积极回应公共领域的结构转型，不断完善组织体系，加强能力建设，提高公共服务能力。第三方力量应抓住政府职能转变的机遇，积极进行自身功能更新与职能创新。从国内和国际经验来看，第三方力量只有更好地解决一些长期性的社会问题，满足政府、企业未能或不能满足的要求，才能获得政府和公众的认同，才能真正获得生存与发展的空间。因此，第三方力量应积极进行观念更新、组织创新、职能创新，去扩大自身的生存空间和社会影响，去争取制度环境的改善，才能承担起为政府机构改革和社会转型创造条件的历史重任，才能更好地参与科技创新的宏观管理。为此，第三方力量要做到以下两个方面。

首先，依法建立健全各项规章制度，如通过制定并实施组织道德规范、行为准则等来规范组织的日常行为，同时借鉴现代化的管理思想和方法，提高第三方力量的机构和人员能力，进而提高组织的专业化管理水平和服务水平。

其次，建立规范的内部管理体制和运行机制。良好的内部管理体制和运行机制是第三方力量健康发展和有效参与公共管理的基础。第三方力量应根据自己使命的需要设置组织机制，如确立组织的选举程序，确立理事会的组成和运作程序等；同时要建立民主管理机制和参与机制，以调动其工作人员的积极性。只有专业化程度高、组织功能完备、运行机制合理有效的第三方力量，才能更好地承接政府下放的职能，更好地参与科技创新的宏观管理。

下　篇　创新驱动发展

第七章　创新驱动发展的特征和路径 *

本章首先从经济发展的本质、世界各国经济发展的趋势以及我国全面建成小康社会的要求三个方面阐述了我国走创新驱动发展之路的必然性；随后探讨了创新驱动发展的主要特征，即以人为本、打造先发优势和企业家驱动；最后对实施创新驱动发展战略的关键即深化改革进行了剖析，提出要创新改革的形式，更多地依靠诱导性制度变迁来推进改革。

一、走创新驱动发展之路

(一) 经济发展的本质

走创新驱动发展之路是经济发展的本质所决定的。经济发展的本

＊ 本章内容源自张来武：《论创新驱动发展》，《中国软科学》2013 年第 1 期。

质是什么？或者说经济发展的源泉是什么？众多的经济学家给出了远远超出他们人数的答案。大多数经济学家认为，经济发展在于诸多要素的投入，比如资本、劳动力、技术等要素的投入。有些经济学家认为，经济制度在经济发展中起到了不可替代的作用。无疑，经济发展离不开这些要素的投入。问题是，仅靠这些要素的投入无法解决经济发展中的两个问题：一是生产要素报酬递减的问题，这个问题之所以重要，是因为它会直接影响到要素的投入，假如要素投入因为要素报酬递减而趋于下降，那么经济发展也就会趋于停滞；二是稀缺资源的瓶颈问题，经济发展需要各种各样要素和资源的组合，当其中的某一种要素或者资源出现短缺时，经济发展就会因为该种要素或者资源的短缺而面临瓶颈。

那么，怎样才能有效地解决经济发展中必然会发生的这样两个问题呢？熊彼特早在1912年就在其著作《经济发展理论》中回答了这个问题。他认为，发展是经济循环轨道的改变，也是对均衡的扰乱和打破。这里所说的"改变"、"扰乱"和"打破"，就是创新。因而，只有创新才会使以上两个问题得到有效的解决。这是因为创新大致具有以下两大功能：一是创新可以通过不断地提高单一或者综合要素的生产率来抵消因为要素投入数量的增加而导致的单一要素或者全要素报酬递减的趋势；二是创新可以通过生产要素的新组合来突破经济发展中迟早要发生的、由要素或资源的短缺所造成的瓶颈。创新之所以具有两大功能是因为创新是"把一种从来没有过的关于生产要素的'新组合'引入生产体系"。无论引进新产品、采用新技术，还是开辟新的市场、控制原材料新的来源、实现一种工业的新组织，都会打破原来的经济发展轨道，进而打破要素报酬递减的趋势或者突破要素和资源的瓶颈。

熊彼特的经济思想强调了创新所起的作用，将创新理解为经济发展的本质，这是他的经济思想体系中的精髓。熊彼特的理论因过于超前，在历经几十年冷遇后，于20世纪50年代才渐登主流经济学舞台。在当今社会新经济、新知识响彻云霄之际，反观其本质内涵，仍然脱离不了"创新"这个老概念。熊彼特的经济思想历经百年还能闪闪发光，足见其理念经得起时间的考验。

（二）走创新驱动发展之路是世界经济发展的必然趋势

在人类历史进程中，选择什么样的发展道路是永恒的主题。自20世纪50年代以来，世界上众多国家都纷纷在各自不同的起点上，努力寻求实现工业化和现代化的路径。一些国家主要依靠自然资源的禀赋优势增加国民财富，如中东石油资源强国，其发展路径充满坎坷；一些国家主要依附于发达国家的资本、市场和技术，做发达国家的加工基地，如一些拉美国家，世界经济的风吹草动极易引起依存国家的轩然大波，从而遭遇所谓的"中等收入陷阱"，其发展路径并不顺畅；还有一些创新型国家把科技创新作为基本战略，大幅度提高科技创新能力，形成日益强大的国家竞争优势和国际话语权，国际上把这一类国家称为创新型国家。

综观世界发展格局，恰恰是第三类国家——创新型国家，占得了很大的发展先机，它们以最小的代价，获取了最大的实惠，甚至主宰着世界经济的命脉。第一类国家虽然在为发达国家提供能源的过程中也赚取了可观的收入，但是因为石油、矿产等资源是不可再生的，总有耗尽的那一天，因此如果不另辟发展路径，是没有什么前途的。而第二类国家虽然为创新型国家"打工"的过程中赚取了"劳务费"，但赚的只是小头，大头则被人家牢牢地把持着，这种仰仗他人的发展模式，同样是没有什么前途的，难有大的发展。所以说，走创新驱动发展的道路、建设创新型国家，已经成为世界经济社会发展的必然趋势，也为当今世界发展的成功经验与失败教训所佐证与诠释。

（三）走创新驱动发展之路是我国全面建成小康社会的必然选择

从国内情况看，改革开放使我国的经济发展取得了举世瞩目的成就，我国国内生产总值增长率很高，发展速度堪称世界之奇。这种发展为我国的现代化建设积累了必要的物质基础，也为国计民生等一系列重大问题的解决奠定了坚实的基础。没有这些年的发展，我们不可能有现在这样高的国际地位，也不可能有经济快速发展的基本格局。但是，我们也必须清楚地看到，无论是从发展过程还是从发展结果来看，也确实存在着一些值得我们反思的问题。其中最重要的问题就是，我们的发展成本太高，代价太大，属于低水平的发展。所谓低水平，就是说，我们的发展还主要是依靠资源和资金的大规模投入来实现的，成本过大，代价也很大，甚至是以牺牲环境、过度消耗资源为代价的。我国本来就是一个人均资源占有率十分低的国家，如果我们照这样的模式发展下去，有限的资源将无法保证我们实现全面建成小康社会的宏伟目标。

世界管理学大师迈克尔·波特把经济发展划分为四个阶段：第一阶段是廉价劳动力、自然资源等"生产要素驱动发展阶段"；第二阶段是大规模投资、改善技术装备成为支撑经济发展主要因素的"投资驱动发展阶段"；第三阶段是创新能力及其水平成为驱动经济发展主要动力的"创新驱动发展阶段"；第四阶段是"财富驱动发展阶段"。按照迈克尔·波特的观点，很显然，中国现在处在"生产要素驱动"与"投资驱动"并重的发展阶段。而严峻的形势又告诉我们，我们的传统工业化道路已经走到尽头，必须走新型工业化道路。而所谓新型工业化道路，就是以知识和科技为先导的创新型发展之路。总之，特定的国情、特定的需求决定着中国不可能选择资源型或依附型的发展模式，而必须要走创新驱动发展的道路。

二、创新驱动发展的主要特征

（一）创新驱动发展是"以人为本"的发展

什么是"以人为本"的发展？简单地说，"以人为本"的发展就是"依靠人、为了人"的发展。创新驱动发展首先是依靠人的发展。与"生产要素驱动"与"投资驱动"不同，"创新驱动"强调通过智力资源去开发丰富的、尚待利用的自然资源，逐步取代已经面临枯竭的自然资源，节约并更合理地利用已开发的现有自然资源。因而，在创新驱动发展阶段，"人的智力"成为第一生产要素，知识、信息等无形资产成为主要的要素投入。这类要素投入具有非稀缺性、非排他性与非消耗性等特点，其生产率远远高于资本、自然资源和劳动力。不少经济学家指出，"自然"在生产中的作用可以归结为收益递减，但"人"的作用是收益递增的。

创新驱动发展也是为了人的发展。经济发展，既包括经济量的增长，还包括社会经济结构的转换和人民生活水平的提高及质量改善。如果一味追求物质水平的提升，而不把关注重心重新移回到人本身，发展是不可持续的，也很可能是舍本逐末。人的全面发展就是人的综合素质的全面提升和社会责任的真正实现。因此，着眼于人的全面发展，就要关切人民的利益诉求、价值实现等。这就需要通过制度创新来保障人民群众对社会事务、民主法治建设等事务的广泛参与和深度介入，创造出一个人们安居乐业、生活美好的社会，让每个人共享社会发展的成果，从而实现自身的发展。而制度创新，也是创新驱动发展的应有之义。所以说，创新驱动发展不仅改变了过去那种以生态破坏和环境污染为代价的经济发展模式，也改变了过去那种以人民生活水平不能得到同步提高为代价的经济发展模式。也就是说，创新驱动发展不仅仅是为了国内生产总值数位的攀升，不仅仅是为了综合国力的增强，更是为了"民生"福祉。

（二）创新驱动发展是打造"先发优势"的发展

从 20 世纪 70 年代亚洲"四小龙"的经济发展成就惊羡全世界以来，

发展经济学理论中所谓"后发优势"的学说屡被众多国家的经济发展实践所验证。中国作为欠发达国家对西方发达国家的追赶者，采取的也是"后发优势"的战略。这一战略的特征是通过引进、学习、模仿和利用先发国家已有的先进技术，避开自行探索和自行研发过程中的高昂成本，利用别人的经验绕开发展过程中可能遇到的障碍和弯路，节省追赶时间。这一战略无疑是成功的，要不也不会有所谓的"中国奇迹"。

但是，完全凭借"后发优势"是很难追赶上先发国家的，这是因为"后发优势"具有递减性。也就是说，当"后发"国家在发展上逐渐趋同于"先发"国家时，"后发"国家借助于"后发优势"所获得的利益将呈现出边际收益递减状态。在追赶末期，"后发"国家与先发国家总是存在"最后最小差距"，因此，"后发"国家想借助"后发优势"追赶上"先发"国家几乎是"一厢情愿"。"后发"国家在追赶末期必须实现"蛙跳"，而要实现"蛙跳"，就必须打造"先发优势"，通过科技创新，在关键产业、支柱产业、主导产业领域实施技术赶超和创新。

此外，我们也要看到"后发优势"只是一种潜力，把这种潜力转化为现实是有条件的。并且，随着经济在短时间内快速增长，经济增长对其他"辅助"条件的要求也越来越苛刻。关键正在于，这些看似为"辅助"性的经济增长条件，如健全的产权制度、公平的市场环境、成熟的公民社会和法治社会等，却正是"先发"国家经济发展之因，或者说是"先发"国家经济发展的制度性基础。"后发"国家在短时间内实现经济增长的巨大跨越之后，几乎都毫无例外地把经济发展之"短"迅速暴露无遗。而克服这些经济发展之"短"，则要靠制度创新，变"后发劣势"为"先发优势"。

（三）创新驱动发展是由企业家驱动的发展

创新驱动并不是说就不需要土地、自然资源、资本的投入，而是说要投入什么要素，投入多少，由企业家来决定。市场的运作并不像古典经济理论所假设的那样，存在既定的需求曲线、供给曲线，它充满了不确定性。彼得·德鲁克在《创新与企业家精神》一书中说："对某一商品而言，顾客是愿意接受，还是漠不关心，还是会表现出强烈的抵制，任何人都无法预知。"现实经济活动偏离于经济理论的假定，是一个信息不充分的世界，完全充分信息的世界只存在于幻想之中，经济中各种各样的交易机会不是未被了解，就是被误用，这就是市场的无知（market ignorance）状态，这不是所谓的"市场的失灵"或是"市场的局限性"，而是市场的本质。企业家凭借其敏锐的感觉，发现市场中存在未被认识的、无法预料的机会，以及未被开发或被误用的资源，并且先人一步付诸利用。乔布斯就是这样的企业家，他的创新体现出了发现并利用新市场机会的企业家精神。Apple Ⅱ、Pixar、iPod、iPhone 分别重新定义了人们对个人电脑、电影、音乐、手机的看法，是对人们生活方式的颠覆。与 Apple Ⅱ、Pixar 相比，iPod、iPhone 则更多地体现了乔布斯作为一个企业家能够成功地组织和配备创新资源，成功地将创新引入市场，赢得市场直至引领市场。

可以说，经济发展是企业家不断开发新产品、引入新生产方式、开辟新市场、获取新原料和建立新组织结构的一个创造性破坏过程。

经济的增长是来自创新而非科学发现或技术发明。企业家的作用正是选择和测试那些市场上需要的科学发现或技术发明，把它们从科技成果变成产业创新。因此，我们说，创新驱动发展是由企业家驱动的发展。

三、实施创新驱动发展战略的关键在于深化改革

我国过去40年的快速发展靠的是改革，我国未来发展也必须坚定不移依靠改革。充分释放创新驱动发展的活力，不断增强创新驱动发展的能力，关键在于深化改革。

（一）深化改革必须对现有利益格局进行调整

中国推行经济体制改革已经40年，无论从国有企业改革、收入分配制度改革、价格改革、劳动人事制度改革的角度看，还是从城乡差距缩小的角度看，经济体制改革的回报已经开始递减。究其原因，是改革出现了分化，产生了不同的利益集团。改革之初，能够得到大家的普遍认同，阻力很小，因而能够迅速见到成效。当改革推进到一定程度，获利者要固守现有利益或不愿别人分享自己的利益，已经从改革的支持者退化为阻挠者。因此，如果说我国40年前的改革主要是摆脱意识形态的束缚，而现在的改革，则主要是突破既得利益集团的掣肘。要突破既得利益集团的掣肘，远比当年统一改革意识和思想

难得多。这也符合大多数人对当下改革困境的判断，即改革初期那种
"人人皆受益"的"帕累托改进"环境，早已一去不复返，再进一步
推进改革，必须对现有利益格局进行调整。

（二）深化改革离不开各种利益集团的博弈

改革是一种新制度（或新制度结构）产生、替代或改变旧制度的
动态过程。一种制度形成以后，会形成某种在现存体制中有既得利益
的压力集团。或者说，他们对这种制度（或路径）有着强烈的依赖，
因而会力求巩固现有制度，阻碍进一步的改革，哪怕新的制度较之现
存制度更有效率。所以说，利益集团与制度变迁是相伴而生的，所以
我们完全没有必要讳言利益集团，从某种意义上讲，制度变迁就是各
利益集团之间的重新签约，是利益集团博弈的结果。制度变迁有两
条途径：一条是诱导性制度变迁，另一条是强制性制度变迁。诱导性
制度变迁是一个由下而上，由局部到整体的逐渐推进的过程。这一
过程大体是：个别改革主体最先发现潜在收益的存在，并开始制度创
新，其他准改革主体起来仿效，使创新成为一种趋势，改革主体用创
新收益补偿既得利益集团，利益集团开始分化，或与改革主体结为一
体，原有制度被击破，新制度取代旧制度，制度变迁完成。强制性制
度变迁则由政府命令和法律引入和实现，其优势在于能以最快的速度
推进制度变迁，能以自己的强制力和暴力潜能等优势降低制度变迁的
成本，但是，这种制度变迁方式不是相关利益主体通过重复博弈形成
的，决策者或影响决策的利益集团会利用制度供给的机会为自身牟

利。在我国现有利益格局之下，既得利益集团不仅掌握着巨大的社会财富，而且拥有强大的话语权和决策的影响力，因而强制性制度变迁实施起来会困难重重。

（三）深化改革需要创新改革的形式

中国 40 年制度变迁的经验表明，政府主导的强制性制度变迁是改革的主要形式，这当然与改革之初的环境有关。在当时的中央集权的计划经济背景下，政府是政治权力的持有者、经济资源的支配者，它几乎没有为个人及社会组织的制度创新留下任何空间，非政府制度创新者将面临极高的制度创新成本，自然缺乏制度创新的动力。因此，从这个意义上说，强制性制度变迁保证了中国改革开放之初制度变迁的效率。随着改革的不断深入，微观主体已获得越来越多的自发创新空间。依靠政府权威设计一个新制度并强制推行已不能满足微观主体的制度需求，制度安排的缺陷也会导致微观主体的利益受损，直至影响整个中国社会的稳定。因此，在自发形成的制度可以被接受的前提下，政府也应当放松对自发行动的限制，为自发的制度安排提供创新空间。政府或者承认某种自发形成的非正式制度安排，或者将其转变为正式的制度。有共识、有动力的改革，说到底是一个能体现各方意志的政策选择。从这个意义上讲，中国更需回归"多层参与、公共治理"以呼应"顶层设计"，否则"顶层设计"就会被绑架。

第八章　科技创新驱动经济发展方式转变 *

　　本章在分析科技创新这一概念提出的时代背景和历史沿革的基础上，进一步澄清了科技创新的含义，即科技创新是将科学发现和技术发明应用到生产体系，创造新价值的过程；随后简要分析了自由主义和凯恩斯主义在经济发展理念上的差别，并结合创新理论和我国经济发展的现状和问题，提出我国转变经济发展方式就是从传统生产要素驱动经济增长的方式转到由科技创新驱动经济发展的方式；紧接着分析了推进科技创新的三种力量：市场、政府和第三种力量（非正式关系）；最后探讨了政府在科技创新中的职能定位。

一、科技创新的内涵

　　自20世纪90年代以来，科技创新成为我国社会关注的一个热点。

---

　　* 本章内容源自张来武：《科技创新驱动经济发展方式转变》，《中国软科学》2011年第12期。

目前，科技创新概念在国内引用频率极高，但对于科技创新的内涵大多没给出充分阐述，导致对科技创新的理解仍存在很大差异，常常与科技进步混淆在一起，产生了一些不必要的误解。因此，有必要明确界定科技创新概念，分析其内涵。

（一）什么是创新

要说明科技创新，必须先明确创新的概念。创新概念的起源可追溯到 1912 年美籍奥地利裔经济学家约瑟夫·熊彼特的《经济发展理论》。熊彼特在其著作中提出：创新就是建立一种新的生产函数，把一种生产要素和生产条件的新组合引入生产体系。它包括五种情况：引入一种新产品，引入一种新的生产方法，开辟一个新的市场，获得原材料或半成品的一种新的供应来源，以及实现任何一种工业的新的组织。按照熊彼特的观点，创新是新工具或新方法的应用，从而创造出新的价值。因此，创新从一开始就不是一个科学或者技术概念，而是一个经济概念。到 20 世纪 60 年代，随着新技术革命的迅猛发展，美国经济学家华尔特·罗斯托提出了"起飞"六阶段理论，将"创新"的概念发展为"技术创新"，把"技术创新"提高到"创新"的主导地位。美国国家科学基金会在其报告《1976 年：科学指示器》中，将技术创新定义为"将新的或改进的产品、过程或服务引入市场"。这个定义和熊彼特的定义是一脉相承的，它强调了技术的应用，强调了技术价值的市场实现。因而，技术创新也不是一个技术概念，而是一个经济概念。20 世纪 80 年代以来，以生命科学与技术、信息科学与技术、纳米科学与技术、环境科学与技术、能源科学与技术等领域为主的高科技不断兴起，使得科学与技术发展日益融合，两者之间的边界日益模糊。基于科学的技术和关于技术的科学同时并存，科学的技术化和技术的科学化同步发展，形成了科学和技术之间相互作用、相互结合、相互渗透、相互转化的新关系。在这种背景下，科技创新大有取代创新和技术创新成为世界各国广泛关注的一个重要概念。

（二）科技创新是以其实现的市场价值为判断标准

科技创新是一个不断发展的概念，其内涵和外延与一定时期的经济和社会发展背景密切相关。理解科技创新的内涵首先要正确理解科技创新概念提出的时代背景，其次也要考虑其历史沿革，不能随意发挥。从时代背景来看，科技创新是在科学与技术日益融合的背景下提出来的。科学与技术的日益融合否定了万尼尔·布什在1945年《科学：永无止境的前沿》报告中提出的"基础研究→应用研究→开发→生产经营"的研发线性模型。生物技术和信息技术等高技术的兴起和知识经济的到来，使得人类更清晰地认识到科学与技术之间是一个非线性的、复杂的、相互促进的双螺旋结构关系。在这样的时代背景下，创新不仅涉及技术发明，而且也涉及科学发现。某些科学发现也可以直接应用于生产中去，而无须以技术发明为中介。从历史沿革来看，无论是最初创新概念的提出，还是后来学者对创新概念的发展，创新和技术创新都是一个纯粹的经济概念，因此科技创新不能，也不应只是一个科学或技术的概念。

结合科技创新概念提出的时代背景以及创新的历史沿革，我们认为，科技创新是将科学发现和技术发明应用到生产体系，创造新价值的过程。科技创新不是以科学中的发现或技术上的发明作为其标准，而是以实现市场价值为其判断标准，只要发现或发明的成果还没有转化为新产品、新服务，没有创造出新的价值，它就不属于创新的范畴。没有实现市场价值或者不强调市场价值实现的科学发现和技术发明，只能称之为科技进步而不是科技创新。科学发现、技术发明与市场应用三者之间是一种复杂的既对立又统一、协同演进的关系，可以称之为三螺旋结构，它是传统的技术进步和应用创新双螺旋结构理论的进一步发展。科技创新就是科学发现、技术发明与市场应用在协同演进下的一种复杂涌现，是这个三螺旋结构共同演进的产物。科学发现、技术发明和市场应用三者之间相互依赖、共同作用，形成一个螺旋式不断上升的过程。

二、转变经济发展方式：从传统生产要素驱动到科技创新驱动

（一）扩大内需的两种理论

转变经济发展方式，首先是一个转变经济发展观念的问题。在经济发展史上，对于是采用自由主义还是采用凯恩斯主义发展经

济，就像一个摆钟一样，每隔几十年，就要完成一次摇摆。20世纪尤其是 1930 年以后，美国大部分经济学家赞成政府对宏观经济进行干预，但是 20 世纪 70 年代以后，西方国家经济学界涌起一股对市场和政府作用重新认识、反对政府干预、提倡市场自发力量和私人产权的新思潮，并逐渐占据了经济学的主流地位。这种情况一直持续到 2008 年的美国次贷危机以前，此后，凯恩斯主义又席卷重来。

自由主义和凯恩斯主义在发展经济的理念上有着本质的区别。以扩大内需为例，自由主义主张财富的增长和经济的发展来自于技术进步和创新，扩大内需要靠企业家来创造新的产品，创造新的需求。而凯恩斯主义认为创新并不是增加需求的主要途径，更重要的是通过政府的货币政策或财政刺激政策来增加总需求。同样是扩大需求，通过政府的财政刺激政策和创新都能做到，但是最后的效果不一样。财政刺激政策或许能在短期内增加需求，但可能会抑制创新，从而对长期的经济可持续发展带来负面的影响。举个例子来说，由于政府出台了家电下乡补贴等刺激政策，中国的一个农户因此买了一台液晶电视，这样扩大需求的做法就是凯恩斯主义；而美国的苹果公司，通过创新推出 iPad，扩展了消费领域，创造了新的需求，则是亚当·斯密理论的体现。如果企业家们看到，只要通过政府政策就可以扩大市场，那么他们的创新动力就不会太高涨，毕竟创新本身就是一件周期长、风险大的活动。

经济发展的自由主义和凯恩斯主义钟摆，在中国也切切实实存在着。1978 年的改革开放拉开了中国私营经济发展的大幕，在此后的近 20 年里，在实现劳动力自由流动的基础上，经济的持续高速增长和由各种要素组成的市场体系的活跃，极大地激发了广大民众对社会主义市场经济的认同与参与，进而导致了中国的市场化改革，呈现出一派生机勃勃的景象。这可以说是中国对亚当·斯密古典自由主义的最好写照。

但是在 1997 年亚洲金融危机以后，以凯恩斯主义为代表的政府干预理论，开始在中国经济实践中被不断地采用。1998 年中国开始实施积极的财政政策，在此后的 6 年里，先后大规模增发的长期建设国债累计达到 9100 亿元，直到 2005 年，积极的财政政策才逐步淡出。2008 年全球金融危机爆发以后，我国又创纪录地推出了 4 万亿元的投资刺激计划。在过去 10 多年里，每年两位数以上的国内生产总值增长率使得很多人相信以国有经济主导经济发展、强势政府"驾驭"市场为主要特征的"中国模式"，能够正确地制定和成功执行符合国家利益的战略和政策。然而，这种靠政府强化行政管制和大量资源要素投入实现的增长，其负面代价也越来越高：资源枯竭，环境破坏，腐败滋生，贫富差别逐步扩大，社会矛盾明显增多。同时，推动经济增长的投资、出口、消费这"三驾马车"之间的关系严重失衡，在投资快速增长不可持续、出口受外部形势制约日益增大、消费动力持续不足的情况下，这种发展模式的问题开始更加集中地体现出来。当经济数据无力掩盖依赖土地、资本等生产要素驱动经济增长模式之弊时，这种传统的增长模式也就无法长期持续下去了。

（二）打破传统生产要素驱动经济增长的路径依赖

实际上，创新中国经济发展模式早已成为国内外有识之士的共识。我国政府也在 20 世纪 90 年代开始注意到现有增长模式的不可持续性，并把转变经济发展方式作为国家战略来推动。但十几年过去了，推动的结果并不乐观。实践起来之所以困难重重，根源于多年来过分依赖土地、资本等传统生产要素驱动经济增长的模式已经固化，形成一种经验主义的路径依赖。要想改变这种发展方式，必须冲破与这一传统发展模式共生的制度安排、技术结构与产业结构、生产模式与消费模式以及既得利益者等种种因素的阻碍，因而转变经济发展方式具有艰巨性、复杂性、长期性。

总之，在我国，转变经济发展方式的本质是打破传统生产要素驱动经济增长的路径依赖，回归到经济发展的本质上来。经济发展的本质是什么？经济发展是"执行新的组合"，即创新，创新是经济发展的本质规定。由土地、资本等传统要素投入所导致的经济总量的增加只是经济增长，而不是经济发展。经济增长在质上没有产生新的现象，而只有同一种适应过程，经济发展则是经济系统中的自发的和间断的变化，是对均衡的干扰，它永远在改变和代替以前存在的均衡状态。科技创新驱动经济发展是经济发展的题中应有之义，转变经济发展方式，就是从传统生产要素驱动经济增长的方式转到由科技创新驱动经济发展的方式。

三、推进科技创新的三种力量

（一）市场机制是推进科技创新的首要力量

前文的分析已经表明，科技创新是一个经济概念，强调的是科技市场价值的实现，因此，市场机制是推进科技创新的首要力量。一般认为，市场机制通过价格体系发挥着提供信息、经济激励和决定收入分配三大功能。从科技创新的角度来看，市场的最大功能在于能自发地培育创新，即市场过程是一个对科技创新进行自我强化的过程。这一方面是因为市场能自动地使企业、个人甘冒创新风险，为创新提供动力。创新风险是客观存在的，但在市场经济条件下，创新也有巨大的吸引力，若创新成功企业会因此获得巨大收益，正是这种对高收益的期望，诱使许多企业和个人进行创新；另一方面，市场能正确引导创新。消费者需求的变化，常常通过市场价格反映出来，而价格的变化会促使人们寻找现有资源的替代品，来缓解现有资源的紧张供应，或者通过改进技术水平，降低投入产出比，减少现有资源的使用量。

用市场机制推进科技创新本来恰如其分，但问题是市场机制并非完美无缺，市场也会失灵。只要价格和利润率因为某种原因而不能体现相对短缺和机会成本（比如中国房地产行业），只要消费者不能平等地拥有生产和市场信息（比如中国电信行业），只要所有的生产者不能平等地获得有关市场机会和生产技术的信息（比如国有企业和民营企业），那么，资源将得不到有效分配。尽管这些不完善在某种程度上存在于所有的市场之中，但在相当大的程度上，它们突出地存在于新兴经济体的市场中。而成熟经济体由于生产要素的流动比较自由，市场准入门槛比较低，其市场失灵主要是由于外部性和信息不对称等所导致，因此其市场失灵的深度和广度远比新兴经济体低得多。两者之间存在较大的结构性差别，不能一以言之。

就我国而言，科技创新中存在的最大问题既不是创新投入不足，也不是创新能力不够，而是创新动力不足。创新最根本的动力在于对利润的追逐。创新收益的吸引力不足，则难以获得充足的创新动力。我国很多国有企业一直得到国家从资金到政策上的诸多优惠，很容易取得政策性资源，获取较大利润。这种非市场因素导致的超额利润获取使国有企业不需要高度关注市场需求和参与市场竞争，他们有创新的能力，但无创新的动力。而对于民营企业来说，虽然生存的压力要求其不断创新，但民营企业在行业准入、融资等方面仍然存在困难，它们难以获得和国有企业平等的市场竞争地位。即使它们有创新的动力，也是心有余而力不足。因此，对于像我国这样一个正处在向完全市场经济转型的新兴经济体来说，仅仅依靠市场来推进科技创新是远远不够的，还必须依靠政府和其他力量的介入来弥补市场失灵的缺陷，为科技创新提供生存和发展的温床。

（二）科技创新管理中的政府失灵

由于市场失灵导致资源配置的无效或低效，为政府的介入提供了可能，用"看得见的手"去办好"看不见的手"办不好的事情，这是现实和逻辑引发的很自然的事情。但是在很多方面却发现"看得见的手"并没有把事情办好,甚至办得比"看不见的手"更糟,政府决策也会失误,政府行为也会低效率、无效率甚至负效率,政府也会有失灵的时候。造成政府失灵的原因是多方面的,其中信息不对称和缺乏激励与约束机制是两个最主要的原因。信息不对称是市场失灵的原因,但政府同样也面临信息不对称的问题。政府决策要想达到最优,必须以完全信息为前提,而事实是政府也不可能做到完全了解企业和市场的信息,致使政府无法作出最优决策,导致政府失灵。在私人部门产权是明晰的,配置自己的资源对决策者具有激励和约束作用。而公共部门的产权是不明晰的,政府配置的是公共资源、别人的资源,对决策者缺乏有效的激励和约束作用,也会导致政府失灵。因此,试图创造一种非市场机制来弥补市场缺陷并不比创造一种完整的、合适的市场机制更容易。换句话说,在市场"看不见的手"无法使私人的不良行为变为符合公共利益的行为的地方,可能也很难构造"看得见的手"去实现这一任务。

(三)"非正式关系"机制

市场失灵与政府失灵同时存在,使得政府在实践上陷入了"管"与"不管"以及"管"了之后不能管好这样一些难题和困境中。要摆脱这些困境,从根本上就是要改变传统的"市场—政府"二分模式分析和解决问题的思路。市场失灵并不是把问题交给政府去处理的充分条件,市场之外的力量并不仅仅限于政府,而是存在着第三种力量。

2009 年诺贝尔经济学奖获得者奥斯特罗姆就指出，在市场失灵的情况下，解决市场失灵的最好方式不是政府干预（因为政府干预也会失灵），而是一种"非正式关系"的机制，在某些情况下，这种既没有纳入市场规范，又没有纳入正式制度的非正式关系，实际上会带来更好的解决方案，或者说是集体自主治理方案。从多个国家的案例实践来看，气候变化问题、环境污染问题、贫困问题等都主要是依靠这种"非正式关系"机制得以解决，我国宁夏新型农业科技创新服务体系与农民组织化更是运用这种"非正式关系"的第三种力量解决市场失灵问题的鲜活事例。宁夏科技特派员创业行动把现代企业的组织方式引入农村，把科技人员、农民、企业等捆绑在一起，形成"利益共享、风险共担"的利益共同体，通过这种非正式、非制度化的利益共同体来整合全社会资源，推进技术市场化，实现创新与创业的有机统一。

"非正式关系"理论及其大量的实践表明，推进科技创新的关键还是在于让"市场的归市场，政府的归政府，市场和政府都不能有效解决的则归第三种力量"。在市场失灵并不存在的领域中，政府不应该企图代替市场。如果存在充分竞争的条件，市场一定可以比政府更好地组织生产，更快地促进科技创新，更好地满足消费者的利益。即使在存在市场失灵的领域中，政府的干预也应该十分慎重，并且其手段应主要是通过制定有关的各种规制，以宏观调控和间接干预为主，尽量避免和减少对微观经济活动的干预。而在市场和政府都难以有效解决的领域，则应充分发挥第三种力量的优势来推进科技创新。第三种力量的引入并不是排斥市场或者政府的作用，而是要以市场为导向，在政府的支持下，利用非正式关系贴近市场、灵活等特点来弥补市场和政府在推进科技创新中的不足，形成分工明晰、多管齐下、有序共生的体系。

四、政府在科技创新中的职能定位

提供公共服务是政府理所当然的职能，也是政府存在的意义所在。政府对公共服务负有不可推卸的责任，但提供的方式则可以有多种形式，其中有些需要政府直接提供，有些则可以通过政府购买、特许经营、委托代理、服务外包等形式由企业、行业组织、民办组织或社会中介机构提供。公共服务虽然可以有各种提供方式，但支出责任在政府。政府在科技创新中的职能定位是由科技创新的本质和我国转型阶段的特点所决定的。科技创新是科技市场价值的实现过程，是一种市场行为，但在创新活动中，往往存在正的外部效应（创新的私人收益小于社会收益），因此不管是在成熟经济体还是在新兴经济体，科技创新的市场失灵是普遍存在的。转型经济体的共同特点是市场机制不完善与市场效率不高，在资源配置中还存在着严重的政府直接分配资源以及社会网络替代市场机制分配资源的现象。以上两个特点，决定了我国政府在科技创新中的职能定位是进一步深化市场化改革，转变政府职能，培育第三种力量，加大对具有"公共品"属性的科学和技术的投入，促进科技创新政策和产业政策的融合，为科技创新营造一个良好的环境。

(一) 匡正市场失灵

政府介入科技创新必须基于匡正市场失灵的理由，通过制定公平的规则，加强监管，确保市场竞争的有效性，确保市场在创新资源配置中的基础性作用。因此，我国要进一步深化市场化改革，在继续推进和完善商品市场体系建设的基础上，重点发展要素市场，特别是加快发展产权、土地、技术、人力资源等要素市场，尽快形成健全、统一、开放、竞争、有序的现代市场体系，创造各类创新主体平等使用生产要素的环境。

转变政府职能涉及很多方面，其中最重要的一点是从经济建设型政府向公共服务型政府转变，即政府从作为经济建设的主体和投资主体，向主要为社会提供市场不能够有效提供的公共产品和公共服务转变，尽量减少政府干预微观经济活动造成市场信号的失真和扭曲，使得市场成为资源配置的主体，从而激励和引导科技创新。

(二) 建立现代中间组织体系

加快第三种力量的改革、整合和培育的力度，全面建立现代中间组织体系，从而真正发挥各种各样的民间性、非营利性的中间组织（诸如商会、行会、协会、各类民办非企业组织等）的优势，使得整个社会的组织化程度和运行效率不断提高，有效降低市场交易成本。

政府作为公共品的提供者，其在科技方面的职能在于研究开发或者提供包括基础研究、产业共性技术、前沿技术、公益技术等具有

"公共品"属性、具有较大"外溢性"的科学和技术产品与服务，以国家意志推动具有"公共品"属性的科学和技术的发展，为科技创新提供"种子"和"源泉"。

（三）从源头上解决科技与经济"两张皮"问题

投资驱动型经济增长模式突出了产业政策，特别是产业扶植政策的重要性，并使科技政策更多地依附于产业扶植政策之中。经济发展方式由投资驱动向科技创新驱动转变，要求产业政策更加趋于宏观导向性与指导性，重点在于鼓励产业体系的科技创新，寻求建立和发展新型生产方式。这就要求科技创新政策改变原有的那种依附于产业政策的辅助地位，上升为产业政策的核心，覆盖全社会和整个产业体系，从而真正从源头上解决科技与经济"两张皮"的问题。

第九章　创新驱动城乡一体化发展 *

本章在分析中国推动创新驱动发展的紧迫性和主要阻力的基础上，通过探讨三螺旋创新理论和六次产业理论来解释创新驱动发展的本质特征，并据此提出依靠创新驱动城乡一体化发展的思路，同步化解创新驱动发展面临的阻力并实现创新驱动发展所希望达成的目标，最后详细阐述实现这一思路的具体突破口和措施。

一、中国推动向创新驱动发展转型面临的主要困境

（一）发展的不平衡矛盾

经过 40 年的高速发展，当前中国经济开始真正面临下行的压力，

---

* 本章内容源自张来武：《创新驱动城乡一体化发展的理论思考与实践探索》，《中国软科学》2015 年第 4 期。

全社会逐步接受经济发展进入新常态这样一个事实，即经济不可能长期持续保持高速增长的状态，这说明中国正在经历又一次标志性的转折。同时应该认识到，经济下行只是中国发展所面临的巨大挑战的外在表现，其背后深层次原因是中国的内需开拓不足、经济发展质量不佳、城乡发展不平衡。在经济下行的背景下，中国原有的发展方式必须转型，因为投资拉动的边际效应已变得非常低，国家已难以继续承受巨大的资源消耗与环境代价，依靠创新驱动发展加快推动经济发展走向新常态，顺利实现转折和升级，对中国而言不仅刻不容缓而且别无选择。

（二）创新驱动发展路径模糊

与此同时，中国正在进一步调整房地产发展政策，继续鼓励适度投资房地产行业，支持资本走出去开展跨国房地产投资合作，它表明尽管推动创新驱动发展战略已成为全社会的共识，但对于如何走向创新驱动发展，在思想认识和实施路径上仍然是非常模糊的，缺乏具体而明确的战略和政策导向。客观地说，出现这种困境是必然的，因为作为两类具有本质差别的发展方式，从要素和投资驱动向创新驱动转变的过程肯定会面临诸多的困难和挑战，要最终确立创新驱动的发展模式，需要全国上下在理论探索和实践上付出艰苦卓绝的努力，并付出尽可能少的代价。很多中等收入经济体都由于未能成功向创新驱动转变而落入"中等收入陷阱"并因此长期一蹶不振，这进一步说明这个转变过程绝非易事。

（三）创新驱动发展的三大阻力

中国能否顺利实现向创新驱动发展的转变，至少面临着三个方面的巨大阻力。一是路径依赖，即多年来过分依赖土地、资本、原材料等传统生产要素驱动经济增长的模式已经在全社会的观念意识、行动能力等层面完全固化和定型。整个经济系统形成一种经验主义的路径依赖。二是与现有政策体系不完全兼容，与基于要素驱动和投资驱动路径依赖相伴而生的政策体系也构建得非常系统，深入到经济社会和生产生活的方方面面，彼此之间相互紧密支撑，局部的调整完善难以从根本上打破这一政策体系架构。三是既得利益集团的阻碍，过去40年以来，共同推动改革的利益相关者已经分化成为不同的利益集团，其中从过去的改革中获益最大的既得利益集团已经变成现有体系的最大支持者和维护者，对于触动其核心利益的改革必然采取强力抵制，再加上他们在各方面拥有强大的话语权，致使制度改革推进得十分艰难。

二、从六次产业理论认识创新驱动发展的产业表现形式

（一）三次产业理论已经滞后

当前的经济学理论在解释全球化和信息化所引发的新问题方面存在严重不足。例如，依据现有的三次产业划分理论，大力提高第二、

第三产业特别是第三产业的比例是产业结构优化的基本方向，为此中国一直在努力，但却始终达不到结构优化带来的积极效果，城乡二元结构不但没有随着结构的调整得以改观，反而达到历史上的最高水平。究其原因，一个重要方面就是经济学的三次产业划分理论存在重大缺陷和不足。简单地把农业划入第一产业，把农民局限在第一产业中，单纯的种植业、养殖业作为弱势产业和低附加值产业的局面无论如何都很难完全克服，农民从整体上难以通过从事农业生产而发家致富。三次产业划分理论所带来的历史禁锢和发展禁锢是城乡二元结构形成的重要原因之一，在中国原有的计划经济体系下这种产业划分和政府部门条块分割都更加突出，带来的问题也更严重。

（二）科技特派员制度探索

中国为解决这个问题而进行了多方面的探索，其中就包括科技特派员制度。科技特派员制度的目的，是希望借助能将科技要素引入农业的创业者，例如科技人员、个体经营者、农民工等，把科技特派员、农民、企业等捆绑在一起，形成"利益共享、风险共担"的利益共同体，通过这种非正式、非制度化的利益共同体来整合全社会资源，推进技术市场化，实现创新与创业的有机统一。这种被归类为二次创业、科技创业的科技特派员创业活动，目前已经发展到84万人，遍布全国90%以上的县，成为一项在中国极富生命力的制度。其成功的原因就在于打破了三次产业划分的界限，打通全产业链各相对分离的环节并融合为一个整体，从而通过制造和服务环节创造更多附加值，有效弥补种植业、养殖业环节附加值低导致的第一产业竞争力弱。

（三）六次产业理论及产业表现形式

基于中国科技特派员创业的成功实践，中国应该尽快发展和应用六次产业划分理论。其中，第一、第二和第三产业基本延续克拉克大分类法的产业类别划分，在这里进一步重点对第四、第五和第六进行一些说明。

第四产业是指"互联网⊕"产业。这是基于互联网平台提供智能型服务、以信息技术研究为特征的产业领域。塞尔斯塔德（Seierstad）认为第四产业服务提供者通常不需要直接接触客户，它是本身无明显利润但可以提升其他产业利润的公共产业，[①] 在国外有的学者称之为创新产业。通常认为第四产业包括新兴技术（发明）、信息生产与共享、媒体产业、博客与设计、研发以及咨询、互联网金融规划等知识密集型服务，中国目前正在倡导的"互联网+"产业即移动互联网、云计算、大数据、物联网等与现代制造业结合形成的新兴产业业态就是第四产业的典型代表。

第五产业是指"文化创意⊕"产业。在文化公共平台下的文化和创意产业，其任务是在其他的物质要素、人财物、生产环境和技术都不变的情况下，将消费者的精神需求植入到产品品牌中，导致产品的

---

① 参见 Tor Selstad. The Rise of the Quaternary Sector. The Regional Dimension of Knowledge-based Services in Norway, 1970–1985. Norsk Geografisk Tidsskrift, 1990, 44（1）: 21-37.

附加值和市场需求成倍增加，即在产品的使用价值、生产线都没有变化的情况下成倍增加商品价格，这也是第五产业存在和发展的价值所在。

第四产业和第五产业本身具有创造附加值的独立存在意义，同时其更大的使命是第一、二、三产业融合的核心手段和新平台，对第一、二、三产业的发展具有极大的辐射外溢效应及由此创造的增加值。例如，如果传统的信息服务业对经济的影响是12倍，那么第四产业中的大数据或者云服务对经济、电子商务的附加值影响将达到72倍，也就是说同样的信息服务，是否采用第四产业的商业模式，其附加值的差别十分巨大。从这个意义上来说，通过发展第四、五产业，就可以将第一、二、三产业进一步融合起来发展第六产业。对于重新认识现代农业、促进产业间融合、提升中国农业竞争力、增强农村经济活力和增加农民收入等都具有重要的意义。①

以目前的基础看，第四、五、六产业可以进行有效的区分和统计。其中，国家统计局对于第四产业和第五产业尽管没有进行单独区分和统计，但对于信息相关产业、文化及相关产业的统计已分别出台《统计上划分信息相关产业暂行规定》和《文化及相关产业分类(2012)》，结合原来第三产业中关于研发、教育等的统计，针对第四产业和第五产业的区分和统计基本上能够实现。而对于第六产业，情况相对比较复杂。笔者提出如果第一、二、三产业的价值之和等于整个第一、二、三产业创造的附加值，那就表明不存在第六产业，而如果第一、二、三产业融合以后产生的价值远高于其简单加和就表明第

---

① 参见孔祥智、周振：《发展第六产业的现实意义及其政策选择》，《经济与管理评论》2015年第1期。

六产业出现，这个额外创造的附加值就是第六产业的统计对象。这个剩余的附加值来源于第四、第五产业的辐射外溢效应，因为借助"互联网+"，产品和服务的提供者可以在不增加成本甚至近乎零边际成本的情况下，① 主要通过系统经营实现合作共享、由人力资本创造性智力劳动创造新的高附加值产品与服务。简而言之，具有相对明确界限的六次产业划分理论对传统的经济学三次产业理论是一种颠覆和巨大突破，为中国调整产业结构和推进城乡一体化提供了一种全新的发展思路。

三、创新驱动发展的本质特征

三螺旋创新理论和六次产业理论创新对于全面、深刻、科学地认识、理解和谋划创新驱动具有重要的意义，不仅有助于理论界和实务界统一思想认识、真正推动转变发展方式，还可为微观的商业模式创新、观念创新、模式创新提供新的力量源泉。当然，理论创新不能取代创新实践本身，理论创新的价值要靠追逐利润的企业家在新的理论指导下不断实践和探索而取得。反之，重大的理论突破可以给创新一线的企业家指明创造零边际成本和高附加值的前进方向。基于上述新的理论和已有的对创新驱动发展特征的认识，创新驱动发展的本质特征可以概括为五个方面。

---

① 参见〔美〕杰里米·里夫金：《零边际成本社会——一个物联网、合作共赢的新经济时代》，赛迪研究院专家组译，中信出版社 2014 年版。

（一）强调人才为本

强调人才也就是强调知识和智慧。任何一种经济发展方式都非常强调关键生产要素的作用。在传统要素驱动的发展方式中土地等基本生产资料最为关键，在投资驱动的发展方式中资本最为关键，而在创新驱动的发展方式中只有智慧、知识才是最关键和最根本的创新要素。在中国着力推进创新驱动发展的背景之下，三螺旋创新理论提出生产性的知识、信息可以直接进入生产环节，六次产业划分理论则进一步强调知识和人才的力量在创新中往往发挥着独一无二的巨大作用。在现实中，很多并购案例反映出并购活动并没有致使传统要素发生根本性变化，真正的重大变化主要是智慧（或者说是知识要素）的广泛运用以及传统要素的重新组合。

（二）强调企业家驱动

创新驱动是企业家驱动而非政府管理驱动的结果。尽管政府更好地发挥宏观调控和引导作用、实现更好的治理是必要的基础条件，但是创新驱动的推动者只能是企业家群体。因为"对某一商品而言，顾客是愿意接受，还是漠不关心，还是会表现出强烈的抵制，任何人都无法预知"。① 企业家兼具冒险精神与强调市场竞争、不完全信息条件下的创业决策以及风险控制、成本效益和商业技巧，而政府官员的

---

① ［美］彼得·德鲁克：《创新与企业家精神》，蔡文燕译，机械工业出版社 2009 年版。

工作性质决定了其难以专于一项工作且不能轻易犯错，只有企业家群体有能力、有意愿来从事创新。当然，强调企业家驱动并非排斥政府治理的作用，而是要求政府治理更好地为企业家驱动创造条件。政府治理的背后实际上是社会治理，即政府法无授权不可为，而知道政府不可为不代表这一部分是缺失的，而是说需要一个相对独立和民主的，能够适应市场、适应利益竞争的合作博弈的新体系，也就是通常所说的社会化治理。

（三）强调先发优势

一个国家要实现从追赶向引领的跨越式转变就必须依靠先发优势来完成。先发优势强调新技术和商业模式的使用，强调使用新理念、发展方式和新途径实现"最后一公里"的蛙跳。当然，这里所说的先发优势并非针对所有领域，事实上在全球化深入发展的当下，全面的先发优势是不可能存在的，即使美国也不例外。但是引领国家经济发展的"火车头"必须先发，这是先发优势从本质上所极力强调的。中国过去的成功在于其追赶策略的成功，特别是充分借助有效的产业政策推动经济腾飞。但是在追求先发优势的情境下，产业政策产生更多的是副作用，因为过于强调政府部门的产业政策，必然导致市场竞争的不平等，驱使企业家更希望通过依附和获得政府资源而不是创新来追逐利润。在经济发展过程中，对于企业、区域、国家而言，金融工具比财政更普遍的使用表明创新驱动的环境趋于成熟，而财政拨款、政府项目、项目审批更普遍则只能反映出创新环境不佳、企业主动创新意愿不足。要实现中国经济从追赶向引领的转变，就必须加快实现从借助"后发优势"向打造"先发优势"的转变。

（四）强调创新网络

解决信息不对称问题，构建信息化、系统化的创新网络，将有助于从根本上实现开放创新和资源共享。"互联网⊕"对优化和集成生产要素的配置、促进六次产业融合、提高实体经济的创新能力和生产力，正越来越发挥革命性的推动作用。① 例如，通过创新网络，将农业生产的所有环节、投入和产出物实现互联互通，就能实现全过程痕迹化管理，这就为解决从田间到餐桌的食品安全问题提供了根本的保障。目前全球的创新网络建设方兴未艾，从传统互联网积极向物联网、产业互联网拓展，成为当今各国创新最为鲜明的趋势性特征。加快构建和融入创新网络，成了中国的一个重大课题，也检验着中国深化改革开放的"成色"。

（五）强调品牌战略

品牌战略是第五产业的核心内容，其本质是把人们对精神需求的追求通过创新的方式转化为品牌的竞争力、市场的附加值，它对于提升其他五次产业的竞争力、影响力和附加值也是不可或缺的，更是实

---

① 参见孙先锋：《"互联网＋"驱动创新发展新常态》，《中国联合商报》2015 年 3 月 23 日。

现六次产业融合发展的首要手段，能够最终体现创新所驱动的具体发展的成效和质量。例如现在手机上常见的美图秀秀软件，它本身只是一个小小的修图技术工具，但在信息条件下这样一个产品的文化创意策划使一个微不足道的技术实现让人震惊的效果。

四、依靠创新驱动城乡一体化发展

关于具有上述五大特征的创新驱动发展方式能否解决中国目前面临的内需不足、城乡二元结构、食品安全、雾霾环境等重大问题，还需要结合发展模式是不是由创新驱动来做进一步分析。对于其中最突出的矛盾之一——推动城乡一体化发展——而言，如果发展战略不是瞄准城乡一体化，即不能通过第六产业的发展融合第一、二、三产业，围绕拓展种植业、养殖业（第一产业）的产业链并实现增值以解决产业结构的问题，内需问题和食品安全问题也不可能解决，继而整体的产业竞争力、第五产业的潜力发挥等问题必然会浮现出来，经济的不平衡最终导致社会的波动与挑战。因此，推动创新驱动发展和促进城乡一体化发展必须结合起来，或者说必须且只能依靠创新驱动城乡一体化发展，要推动创新驱动就必须瞄准城乡一体化，反之要想真正实现城乡一体化就必须依靠创新驱动，在中国，推动这一历史进程的过程，两者必须同时进行且相互促进。

（一）以六次产业理论发展"新三农"

上述分析只是纯粹理论上的，作为一个系统的、具有颠覆性的理论，创新驱动城乡一体化发展必须在实践中切实可行才能发挥其应有的理论指导价值。事实上，科技特派员制度就是它最好的注脚，笔者将其总结为发展"新三农"。当前，中国的城乡二元结构进一步突出导致农业生产中的合格农业劳动力日益匮乏，农业在整个产业发展体系中更趋弱势，相当一部分农村从表面上更显衰败。在创新驱动城乡一体化发展战略下，必须利用六次产业理论来思考和解决这个问题。在法国、日本、美国等发达国家，大农场的经营者绝非中国所谓的"386199"部队，而是专业化公司和职业农民，通过采取全产业链一体化发展和专业化经营创造可观利润，这提示中国也必须从六次产业的视角大力发展"新三农"，即新农业、新农民、新农村。

在"新三农"中，新农业是指第一、二、三产业融合后形成的、区别于传统种植业和养殖业的现代农业，基于第一产业并依靠第四产业和第五产业实现第一、二、三产业的融合，用六次产业的划分解决现代农业的定位问题，用智慧农业解决农业中依靠关键新要素充分利用土地和水资源的问题。最近出现的健康农业概念，即采用环境友好型技术和循环农业技术进行无公害农产品、绿色食品和有机食品生产的农业发展模式，确保农产品从土地到餐桌的形成过程安全、健康，并因而具有更高的附加值，就是新农业的一种实施模式。发展新农业必须依靠新农民，也就是具有专业化技能和职业化素养的新型农民，无论其来源出自何地、何机构，具有何种身份，都必须通过类似律师、会计师那样的职业资格鉴定后才能从业。而新农业和新农民的结合将会导致一大批新农村的出现。一大批新农民聚集在一起发展新农业，田园城市随之诞生，如果田园城市与信息化相结合，将会促进第四、五、六产业的繁荣，从而出现信息化的田园城市或者信息化的新农村。发展"新三农"为解决城乡二元结构问题提供了一个新的有效途径，即创新驱动发展之路。

（二）以六次产业理论解决食品安全和大健康问题

城乡二元结构是中国历史上从来未成功解决的一个重大挑战，依靠发展"新三农"和六次产业解决这一挑战，必须寻找一个有效的突破口，这个突破口就是食品安全。食品安全问题的解决必须依靠从土地到餐桌的系统化方案，反之如果通过实施该方案解决了食品安全问题，那么不仅同时意味着解决了农产品走向第二、三产业，找到实现第一、二、三产业融合的抓手，也找到了支撑中国经济进一步发展的新突破口。实际上，食品产业已占到中国国内生产总值的18%，远高于房地产对中国经济的贡献，这还不包括依据六次产业划分理论涉及的相关行业部门的产出。如果将食品产业进一步延伸到健康产业领域，并深入挖掘食品产业的上下游潜力，将形成一个从土地到餐桌、从食品到健康的庞大而完整的产业体系，其产出必将超过中国国内生产总值的20%以上。依据六次产业理论提出的食品和健康产业，完全可以代替房地产作为今后支撑中国经济发展的支柱产业之一，并可以很好地落实国家提出的创新驱动发展战略，实现两者的无缝兼容、相伴而生。因此，基于六次产业划分理论，以融合第一、二、三产业为己任，着眼于提高第六产业附加值和市场竞争力的新型食品和健康产业体系，一方面与推动城乡一体化紧密相连，另一方面与实施创新驱动发展无缝结合，因而成为创新驱动城乡一体化的最佳载体和突破口。

围绕食品与健康产业这个突破方向，具体的抓手可考虑两个方面。第一个抓手是农业科技园区及其联盟。农业科技园区不仅要发展第一、二、三产业和第六产业以延长产业链，同时要发展第四、五产业以推动体制机制创新，这是现代农业科技园区区别于传统农业科技园区的关键所在。农业科技园区建设要具体着力于五大平台，包括科技孵化器为重点的科技创新平台，公共信息平台与电商平台，品牌与文化平台，基于联盟基金的科技金融平台，以及国际合作平台。第二个抓手是社会化农村科技服务体系。重点是依靠新型的农村科技服务体系，建立大学新农村发展研究院，培养科技特派员，开展市场化的农村科技服务，打造农村科技创业大军。

（三）创造良好的社会治理环境

上述两大抓手真正落到实处，还必须创造良好的社会治理环境，以保障食品和健康新产业能够获得持续健康快速发展。为此，现有的社会经济发展环境必须持续大力优化，在这个过程中政府的定位和作为是非常关键的一环。在法无授权不可为的思想指导下，政府治理还必须和社会治理同步发展、互相监督、互为补充，以一种相对平等的身份通过合作博弈的方式达成治理共识。以食品安全为例，只有真正树立政府有授权、市场无边界的观念，生产者、消费者、监管者作为系统中不可或缺的组成部分，基于互动合作的博弈才能实现多赢。中国目前在食品安全体系中就是由于缺乏诚信与合作的博弈而造成多方皆输的局面。要扭转这个局面并实现共赢，应参照香港等地的经验，有效结合政府治理与社会治理手段，推动政府监管部门、生产者、消费者之间形成广泛的共识，重新构造食品安全的合作博弈体系，积极营造重视信誉度和产品质量的企业获得更高的附加值的制度环境与氛围，并积极宣传其中的典型。当然这种共识的形成过程还需要多方各自付出努力，包括打造更加完整的全产业链，引导全社会走向创新驱动城乡一体化的发展道路，推动形成企业家驱动的创新，积极打造公平、透明和竞争有序的市场环境，积极推进社会化治理，推动形成一个良好的、互动合作的博弈体系等。

第十章　以创新驱动发展"新三农"*

本章首先分析了"新四化"以及"四化同步"提出的背景，认为农业现代化是工业化、信息化和城镇化的基础和支撑；随后从资源环境、市场需求、生产要素和组织模式等方面分析了我国农业现代化面临的挑战，提出要依靠创新驱动发展战略发展"新三农"——现代化的新农业、城镇化的新农村以及职业化的新农民；最后结合科技特派员制度和农村科技创业实践，探讨了如何依靠创新驱动发展战略发展"新三农"。

一、农业现代化是工业化、信息化和城镇化的基础

（一）农业现代化是"四化同步"发展的基础

党的十八大报告提出："坚持走中国特色新型工业化、信息化、

---

* 本章内容源自张来武：《依靠创新驱动发展战略发展"新三农"》，《中国软科学》2014年第 1 期。本章内容作了进一步修改。

城镇化、农业现代化道路，推动信息化和工业化深度融合、工业化和城镇化良性互动、城镇化和农业现代化相互协调，促进工业化、信息化、城镇化、农业现代化同步发展。"十八届三中全会的决定又进一步提出要重构"以工促农、以城带乡、工农互惠、城乡一体的新型工农城乡关系，让广大农民平等参与现代化进程、共同分享现代化成果"。"新四化"、"四化同步"以及"新型工农城乡关系"的提出，有其深刻的社会背景。

当前，中国仍然有庞大的农业剩余人口，需要靠工业化来进一步消化，而中国的传统工业要依靠信息化来提高效率，才能在激烈的国际竞争中占得一席之地；此外，城市必须创造条件容纳日益增加的参与工业化的农村人口，让农民工变成市民，而农业产出必须从"强调数量、解决温饱"转向"强调质量、满足品位"，适应消费者从小康走向富裕的需要。

"新四化"、"四化同步"以及"新型工农城乡关系"，正是中国共产党在中国现代化建设发展到一定阶段，面对现阶段的突出矛盾，立足全局、着眼长远、与时俱进提出的重大战略决策，也是发展理念出现的新变化。

"四化同步"发展中，工业化是主导，农业现代化是基础。没有工业化，信息化、城镇化和农业现代化就会缺乏产业支撑、物质技术和现代管理手段；而没有农业现代化，工业化、信息化和城镇化就会缺乏有效载体和厚实的基础。农业现代化为工业化、信息化和城镇化提供支撑与保障。农业现代化如果跟不上工业化、信息化和城镇化的发展步伐，将会导致工业化、信息化和城镇化发展受阻，影响整个现代化建设进程。

(二)城乡二元结构是制约城乡发展一体化的主要障碍

世界不同国家工业化和城镇化的过程中表现出的一个共同规律是,在整个国民经济工业化的初期,农业是整个经济发展的支撑,农业哺育工业,第二产业率先实现工业化;而当工业化进程发展到一定阶段,工业和其他产业便开始反哺农业,支持和促进农业的发展,进而消除二元经济结构,实现各产业之间的融合。因此,城镇繁荣与乡村贫困并存、城乡差距悬殊、地区发展极不平衡的现象在很多发达国家都出现过,只不过中国由于人口多,工业化起点低,因而导致现代与传统、发达与不发达、高收入与低收入的鲜明对比甚至对立的城乡二元结构比发达国家曾经经历过的更严重。20世纪90年代以来,尽管我国工农业劳动生产率都有较大幅度的提高,但农业劳动生产率与工业劳动生产率之间的差距总体上呈扩大趋势。2011年工业劳动生产率已达农业的5.5倍,比20世纪90年代初期扩大了30%左右。工农业发展不平衡,造成农业的比较效益差的矛盾非常尖锐,弃农撂荒问题日趋严峻,"将来,谁来种地?"正在演变为社会问题。如此低下的农业劳动生产率,不仅会使得农业资源和要素向城镇加快流失、农业发展萧条衰败,甚至会削弱国民经济持续发展的基础和支撑,造成工业化、信息化和城镇化都难以为继。党的十八大报告提出要"四化同步",无疑将为农业现代化建设注入强劲动力。农业产业结构的优化、农业生产效率的提升,不仅能为工业化发展提供基本的、多样化的原材料，而且还能为工业化发展提供充足的劳动力资源，进而实现农业现代化与工业化、信息化和城镇化发展的协调统一。

城乡二元结构是制约城乡发展一体化的主要障碍，也是我国"三农"问题归根到底的症结所在。虽然过去10余年在加强农业基础地位、改善城乡关系上做了大量工作，但城乡差距依然较大，农业和农村经济在资源配置和国民收入分配中仍处于不利地位，农村居民和城镇居民在发展机会和社会地位方面仍然不平等。十八届三中全会提出要从加快构建新型农业经营体系、赋予农民更多财产权利、推进城乡要素平等交换和公共资源均衡配置、完善城镇化健康发展体制等四个方面着手重构"新型工农城乡关系"，将改革重心从过去的农村内部利益关系的调整，转向工农、城乡，以及国民经济部门之间利益格局的调整，提升了治理层次，将为农业现代化建设提供强有力的制度保障。

二、我国农业现代化面临的挑战

（一）农业现代化面临四大挑战

目前，我国已经进入农业现代化的加速推进期，总体上可以认为我国农业现代化建设转为上升成长期，但是，我国的农业基础非常薄弱，农业现代化建设过程中的许多矛盾日益加剧，问题更加突出，农业现代化面临着一系列严峻挑战。

一是土地、淡水资源日趋紧张，农业生产面临的资源环境约束进一步增强。改革开放40年来，中国农业发展取得了令人瞩目的成就。但同时也应当看到，随着工业化、城镇化进程的快速推进，我国耕地资源、水资源"农转非"现象严重①。由于农业劳动生产率低，且对地方财政收入的贡献低于非农产业，在与非农产业和城镇的耕地和水资源争夺战中，农业、农村和农民的弱势地位逐渐凸显，进而导致农业生产的耕地面积减少、耕地质量下降、水资源短缺的约束不断强化。同时，由于水污染问题逐渐突出，导致部分地区的农业发展面临严重的污染性缺水。这些进一步强化了耕地和水资源短缺对农业发展的约束。

二是农产品结构和质量问题成为当前农业发展的突出矛盾。随着城乡居民生活由温饱向小康迈进，其消费结构发生了很大变化，对优质农产品的需求明显上升，并且表现出农产品需求多样化的特点。面对这种市场需求的变化，迫切要求农业生产从满足人民的基本生活需求向适应优质化、多样化的消费需求转变，从追求数量为主向数量、质量并重转变。②

三是资金、技术、人才、管理等要素资源流失严重，削弱了农业和农村持续发展的能力。在市场经济条件下，生产要素向生产率高、效益好的产业和领域流动是市场配置资源的体现。在价值法则

---

① 参见何安华、楼栋、孔祥智：《中国农业发展的资源环境约束研究》，《农村经济》2012年第2期。

② 参见易鹏：《"新四化"新意在何处》，《人民日报》2013年1月17日。

和利益机制推动下，农业生产要素加速向高效益的非农产业转移，造成农村资金、技术、人才、管理等农业生产要素日益紧缺。不仅如此，随着城镇化进程的加快，大批农村青壮年进城务工经商，导致农业劳动力素质呈现结构性下降。"村庄空心化、农业副业化、农民老龄化"问题开始显现，现代农业发展的人力资本不足问题逐步显现。

四是分散经营下的小规模农业生产，生产经营专业化、标准化、规模化、集约化水平不高，市场竞争力不强。从新中国农业发展历程来看，20世纪50年代至70年代中国对小农经济进行了以统购统销和人民公社为主要特征的集体经济改造。到20世纪70年代末又实行了家庭联产承包责任制改革，在一定意义上是向小农生产方式的复归。① 这具有释放农业生产力的积极意义，但由于小农生产方式组织化程度低，获得的市场信息少，生产经营活动难以避免盲目性，再加上农业生产的不确定性和市场的多变性等因素，使得一家一户分散的家庭经营很难适应市场经济和现代化大市场的要求。中国近年来频频出现农产品"消费者难买"和"农民难卖"的双重困境，正是小农生产不适应市场经济的现实写照。此外，农户家庭经营规模过小，不仅生产和交易成本过高，而且也制约了农业生产专业化和农业机械化的发展，限制了农业先进技术的推广使用，因而难以获得规模效益。

---

① 参见向国成：《小农经济效率改进论纲：超边际经济学之应用研究》，《社会科学战线》2005年第4期。

（二）传统农业发展方式难以为继

农业现代化建设面临一系列严峻挑战，说明传统的农业发展方式难以为继。这要求我们要以创新的思维来推进农业现代化，依靠创新驱动发展战略发展"新三农"——现代化的新农业、城镇化的新农村、职业化的新农民。

现代化的新农业是指广泛应用现代科学技术、现代工业提供的生产资料和科学管理方法进行生产经营的社会化农业。与传统农业相比，现代化农业生产的社会化程度有很大提高，如农业经营规模的扩大，农业生产的地区分工、企业分工日益发达，"小而全"的自给自足生产被高度专业化、商品化的生产所代替，农业生产过程同加工、销售以及生产资料的制造和供应紧密结合，产生了农工商一体化，进而大幅度地提高了农业劳动生产率、土地生产率和农产品商品率，使农业生产、农村面貌和农户行为发生了重大变化。农业现代化不仅包括农业生产条件的现代化、农业生产技术的现代化和农业生产组织管理的现代化，同时也包括资源配置方式的优化，以及与之相适应的制度安排。因此，在推进农业现代化的过程中，既要重视"硬件"建设，也要重视"软件"建设，特别是农业现代化必须与农业产业化、农村工业化相协调，与农村制度改革、农业社会化服务体系建设以及市场经济体制建设相配套。①

城镇化的新农村是指基本公共服务均等化的农村。长期以来，我

---

① 参见周洁丘、黄相辉：《农业现代化评论综述——内涵、标准与特性》，《农业经济》2002 年第 11 期。

国农村基本公共服务遵循的基本原则是"自力更生为主，国家支持为辅"，农村基本公共品的供给主要不是靠公共财政，而是靠农民自己。[1] 在教育、医疗卫生、社会保障和公共基础设施等公共服务供给方面，城乡之间基本是"一国两策"，财政投入的城市倾向十分明显，最终带来的是城乡面貌的巨大差异和城乡居民所享受公共服务的巨大差异。出现这种状况一方面是因为财力所限，但更主要的是因为长期以来，政府部门没有将基本公共服务均等化作为公共治理的主要价值诉求，公共管理的价值取向出了偏差。[2] 城镇化的新农村强调的是"人"的城镇化，而不是"物"的城镇化；重心是农村居民享受与城镇居民同等的基本公共服务，而不是城市的规模扩张。

职业化的新农民是指有文化、懂技术、会经营的新型农民。从全球范围看，分工分业是现代农业发展的历史潮流。所谓农民分工分业，就是把现在的兼业农户分解，进行职业上的分化，实现农民身份的多种转变，即由单一的农民转变为农业生产者、经营者，非农产业的生产者、经营者和城市市民。使农民成为一种职业表述，而非身份界定。[3] 农业现代化需要从外部注入大量的具有创新精神的人才，需要工业的支持和城市的带动，在农民身份化规定下，非农出身的人难以进入农业产业，意味着农业对工业和城市资源的排斥，意味着农业

---

① 参见韩俊：《基本公共服务均等化与新农村建设》，《红旗文稿》2007年第17期。

② 参见张忠利、刘春兰：《发达国家基本公共服务均等化实践及其启示》，《中共天津市委党校学报》2013年第2期。

③ 参见张红宇、杨春华：《让新型农民职业化》，《人民论坛》2007年第20期。

现代化将在封闭的体系中进行，因此应大力培育职业农民，实现农民职业化，使农民与市民享受同样的国民待遇，农民与其他职业者一样享有进入和退出自由。美国诺贝尔奖得主舒尔茨认为："在解释农业生产的增长量和增长率的差别时，土地的差别是最不重要的，物质资本的质的差别是相当重要的，而农民能力的差别是最重要的。"①因此，在我国农村劳动力转移呈加快趋势的新形势下，建设现代的新农业必须顺应分工分业的历史潮流，实现农民的分工分业，推进农民的职业化和能力，从而不断提高农业的劳动生产率和农业生产的效益。

三、依靠创新驱动发展战略发展"新三农"

从发达国家农业现代化的历程来看，尽管由于当时各国的土地、劳动力和工业化水平不同，各国采取的农业现代化模式不一样，但无论是人少地多的美国，还是人多地少的日本，其农业现代化都是借助于制度、市场和科技三者来实现的。美国凭借发达的现代工业和低价能源优势，大力发展农用机械，以机械取代人力和畜力，通过扩大经营面积提高农作物的总产量，以提高劳动生产率。在此过程中，美国还十分重视农业教育、科研和推广，注重提高劳动者的素质，经营集约化、产业化，生产专业化，服务社会化，市场机制与政府扶持相

---

① 　[美]西奥多·W.舒尔茨:《改造传统农业》，梁小民译，商务印书馆2006年版。

结合，加强农业基础设施建设。① 日本农业现代化突出特点就是把科技进步放在重要位置，通过改良农作物品种，加强农田水利设施建设，发展农用工业，提高化肥与农药施用水平，致力于提高单位面积产量，以提高土地生产率。现代农业实质就是科技型农业，以现代科技引领农业一、二、三产业融合、建立产前产中产后一体化的产业体系。我国农业已经处于由传统农业向现代农业转型的关键时期，农业发展已进入主要依靠科技创新驱动的新阶段。党的十八大以及十八届三中全会提出实施创新驱动发展战略，为发展"新三农"更多依靠创新驱动指明了方向。

（一）把科技创业作为创新驱动"新三农"发展

科技创业是在市场化、国际化进程中，推进现代企业制度和经营方式转变，推动科技生产要素，包括现代金融和信息要素，进入生产经营领域，提升经济结构和产品品质的过程。从 2002 年开始，科技部会同有关部门积极试点科技特派员制度和农村科技创业模式。目前超过 90％的县市都在推动科技创业，活跃在一线的科技特派员已超过 84 万人，带动农民增收成效显著。科技创业始终坚持"城乡统筹、市场导向，科技引领、要素集成，创新产业、发展'三农'"的理念，把农业看作具有自我发展能力的现代产业，把农村看作具有巨大拓展潜力的内需空间，把农民看作具有良好比较效益的新兴职业，支持一

---

① 参见邓汉慧、邓璇：《发达国家农业现代化经验对我国农业发展的启示》，《农业经济问题》2007 年第 9 期。

切积极的创新力量深入一线创业和服务。广大科技特派员在实践中带动农民成长为新型职业劳动者,自身也成为新时期职业农民队伍的重要生力军。科技创业不仅是微观层面企业的创办和农业经营主体的创新,更是农业发展方式、农村生活方式和农民从业方式的再创造,在"三农"领域对创新驱动发展做了先行一步的探索。实践已经证明,科技特派员农村科技创业是面向需求,服务"新三农"的重大体制机制创新,是把科技人才、科技成果、科技知识等现代科技要素引入农村,推进城乡统筹发展的有效途径。

(二)把"新三农"的全面信息化作为具有基础性、战略性、全局性的重大工程

随着市场经济的产生和发展,信息在经济生活中将起着越来越重要的作用。农业经济的发展,已不再仅仅取决于传统农业资源投入的多少,而很大程度上取决于信息技术运用的程度和信息的获取及利用程度。能否及时获得必要的信息,以及掌握这些信息的准确性和全面程度,成为市场经济下农业生产者和经营者生死存亡的大事。在我国,农产品市场信息不对称是造成农业资源配置低效率,农产品生产波动性大,农民经济利益和消费者利益难以维护的主要原因之一,同时也导致农产品价值链上各主体难以形成利益共生体,使整个产业缺乏市场竞争力。[1] 及时掌握先进技术、获取信息和准确地分析行情是

---

① 参见朱述斌:《农产品价值链中市场信息不对称性问题探讨》,《商业研究》2010 年第 1 期。

现代农业成功的关键。加强农业信息服务，已经成为许多国家推动农业现代化的一项重要战略性举措。农业、农村和农民信息化是实现以工促农、以城带乡，缩小城乡数字鸿沟、形成城乡经济社会发展一体化新格局的现实选择。现代化的新农业必须是建立在信息化基础上的农业，城镇化的新农村必须是适应信息化发展趋势的农村，职业化的新农民必须是符合信息化发展要求的农民。没有信息化，就难以从根本上突破传统农业的瓶颈、改变农村信息闭塞落后的格局和农民在市场竞争上的弱势。自 2010 年以来开展的国家农村农业信息化示范省建设，坚持"三网融合、一网打天下"，坚持"平台上移、服务下延"，集成部门和地方力量，统筹推进"三农"信息化、统筹发挥政府和市场两个作用、统筹解决"最初一公里"和"最后一公里"两大问题，取得积极成效。

（三）把促进科技要素向"三农"流动作为关键举措

优势资源和要素具有向城市流动的天然特性，要向"三农"逆向汇聚资源，必须完善相应的导向机制。一是坚持市场主导。农业领域中存在的市场失灵使得政府扶持农业发展成为必要，但这不意味着政府对农业生产的直接干预，而是要在市场配置资源的基础上，通过价格、税收、财政补贴、金融、公共服务等政策手段提高农业的比较收益，从而引导生产要素向农业回流。二是培育现代农业的经营主体。在家庭承包经营的基础上，发展混合型、多样化的农业经营组织形式以及多元化的新型农业经营主体，充分发挥合作经营和企业经营在规模、效益、技术、市场等方面的优势，特别是充分发挥企业经营向农业输入现代生产要素和经营模式的先进生产力作用，提高农业生产经营的集约化、专业化、组织化、社会化，使农业经营方式更加丰富、更加具有竞争力。鼓励科技特派员和科技人员通过技术入股、技术承包等形式，领办创办协办涉农科技型企业、家庭农场、农民专业合作组织等新型生产经营主体正是培育现代农业的经营主体的大胆尝试。三是培育发展专业化、市场化的农业社会化服务体系。坚持和完善农村基本经营制度，构建集约化、专业化、组织化、社会化相结合的新型农业经营体系，不仅需要培育新型的农业经营主体以拓展经营形式，更需要建立一套新型的农业社会化服务体系作为支撑。农村科技创业的成功实践，除了强调科技特派员与农民风险共担、利益共享外，还十分注重建设主体多元化、服务专业化、运行市场化的覆盖全程、综合配套、便捷高效的农业社会化服务体系，打通从农业科技研发到科技成果在农业生产中的应用，再到农产品市场营销等原来相互脱节的环节，以科技为核心带动金融、信息、人才等要素加快向"新三农"集聚。

第十一章　科技特派员创业行动 *

　　《国务院办公厅关于深入推行科技特派员制度的若干意见》（国办发〔2016〕32 号）将中国科技特派员创业行动提高到制度层面，开辟了一条实行一、二、三产业融合和城乡一体化发展的新途径。科技特派员创业行动是破解"三农"难题和城乡二元结构，实现城乡融合发展的一个系统工程。84 万科技特派员遍布全国 1000 多个县，他们重点开展"大众创业，万众创新"。科技特派员历经 15 年发展，自下而上，深受农民和地方政府欢迎。一方面中国科技特派员制度与日本的六次产业化一起形成了六次产业理论的重大实践来源；另一方面也只有在不断深入发展的六次产业理论引领下，借助城乡融合的第四、第五产业，发展农业第六产业即一、二、三产业融合发展，才能真正破解"三农"难题和历史性地解决城乡二元结构问题。科技特派员工作是一项具有创新性、突破性的工作。

＊　本章内容来源自张来武：《科技特派员创业行动是实现城乡统筹发展的系统工程》，
　　《中国农村科技》2008 年第 11 期。本章内容作了进一步修改。

一、运用经济学理论认识科技特派员制度的内在机制

（一）什么是科技特派员制度

科技特派员是基层创业行动，已经有十几年的发展历程，现在已成为遍布全国各地的最大的创新创业工程。但是各地的做法和认识也不相同。有的省强调科技下乡的公益服务，有的省作为新型的农村科技推广体系。科技特派员服务源于福建南平，而由宁夏回族自治区开创了科技创新创业模式，即"宁夏模式"，后经科技部、人社部和农业部等十几个部委联合推广之，目前又以国务院政策法规将科技特派员双创模式确定为科技特派员制度。《国务院办公厅关于深入推行科技特派员制度的若干意见》（国办发〔2016〕32号）明确指出，"科技特派员制度是一项源于基层探索、群众需要、实践创新的制度安排，主要目的是引导各类科技创新创业人才和单位整合科技、信息、资金、管理等现代生产要素，深入农村基层一线开展科技创业和服务，与农民建立'风险共担、利益共享'的共同体，推动农村创新创业深入开展"。科技特派员创业行动可以表述为"破解'三农'难题和城乡二元结构、实现城乡统筹发展的一个系统工程"。

（二）如何理解科技特派员制度

出于对科技特派员工作的思考，我们曾到上海调研参观，一条电脑

生产线给我们留下深刻的印象。一端是具有高技术含量的科技产品、先进的笔记本电脑，不断地占领全世界的市场；另一端是可能中学都没有毕业、在一条条制造零部件的生产线上进行简单操作的打工妹。这两端是如何联系起来的？提出这个疑问是基于对"三农"问题的思考。农村家庭联产承包责任制解放了农村生产力，但一家一户的小农式经营方式无法面对国际、国内复杂的市场竞争。一端是复杂、激烈的竞争态势，另一端是分散的农户，该如何解决？这是一个与生产线相似的系统性问题。

上述情形如果用经济学的四个字来概括，叫作产权分工。一个复杂的问题怎么把它分解成生产链？一个生产链又怎么把它分解成各个生产要素？要对一个复杂的系统整理分解成基本的要素并加以明确解答。复杂的电脑生产线可分解成一个个零部件，高精尖的零部件开发需要高科技人员来支撑，而被分解下来的零部件生产，即可以通过不断的重复、复制等简单劳动来完成——这就是专业分工。农民虽然文化程度不一定高，但是他们有体力、有时间、有思想，有少量的资金，这就需要通过合理的资源配置将他们安排到符合其自身条件的位置上去实现他们的自身价值。

向现代农业迈进、实现农业现代化，就需要提高农村劳动者的科技文化素质和农业增长的质量及其科技含量，提高科技对农业进步的贡献率和投入的产出率，就需要科技特派员这一系统工程，需要整体的策划、管理和良性的循环等。

因此，科技特派员不一定是科技人员，而是有能力把各种科技要素引进到农业生产体系中的创业者，这就是科技特派员。因此也就派生出所谓的法人科技特派员、洋科技特派员和大学生科技特派员等。既然工业生产线都可以这么做，那么"三农"问题的体系为什么不能用分工整合的思路加以设计呢？当然这个体系更加繁杂，这个体系的设计需要更加系统和精准。那么在分工之后如何整合？过去政府型的、命令型的产业整合成本过高，已不能适应千变万化的市场竞争，需要我们建立一个符合经济发展规律的、适合市场竞争、适合产业链延续、阶段化升华的系统体系，这就是利益共同体。需要指出的是，科技特派员也是利益共同体之一，由他们开展的创业行动在不同的发展阶段有不同的内涵和形式。在初期，它通常是科技创业者与农民的利益共同体，形式可能是口头协议，后来形成股份制企业和专业合作社，到信息化阶段以后有了第四产业的平台经济的支撑和服务，一、二、三产业融合发展呼唤企业联盟协同创新和系统经营。科技特派员协会、创业网络和企业联盟就形成了升华版的利益共同体。从本质上来看，这个共同体需要"风险共担、利益共享"，这是解决"三农"问题的钥匙。

二、运用系统工程理念指导科技特派员制度的总体设计

（一）全产业链需要系统设计

《国务院办公厅关于深入推行科技特派员制度的若干意见》（国办发〔2016〕32 号）提出，壮大科技特派员队伍，完善科技特派员制度，

旨在"培育新型农业经营和服务主体，健全农业社会化科技服务体系，推动现代农业全产业链增值和品牌化发展，促进农村一、二、三产业深度融合，为补齐农业农村短板、促进城乡一体化发展、全面建成小康社会作出贡献"。促进农村一、二、三产业深度融合，就需要科技特派员对全产业链进行系统设计。

当今，"三农"问题面对的最突出的矛盾是：一家一户、分散经营的小农经营方式和农民所掌握的简单生产要素不能适应竞争激烈的大农业市场。科技特派员要敢于面对这个历史性问题，对这项系统工程进行总体设计。举一个简单的例子：3 个 100% 相乘再乘以 2 个 10% 相乘等于 1%，这个结论说明，假如系统有 5 个关键的节点，虽然 3 个节点做得很完美，都得到 100 分，另外 2 个节点由于没有全部关注，分别只得了 10 分，结果 5 个数相乘的结果是整个系统只有 1%，也就是全部的工作只产生了 1% 的效果。同样，政府虽然在很多环节、很多方面（包括财政拨款）都诚心实意、全力以赴地做到最好，但是在农民与市场的衔接方面做得还不够完善，对于建立利益共同体还不够关注，结果导致解决"三农"问题的效果不十分显著，只得到 1% 的效果。但从宁夏 6 年来实施科技特派员创业行动的系统设计来看，虽然在科技资源、人才、信息、财政投入上不如其他省区，但宁夏更加关注系统设计，每个环节都尽力而为，都能做到 80 分，5 个 80% 乘起来就是 33%，这就是系统集成的观念。这关系到科技特派员制度设计的第二个核心思想，也就是系统推进的思想。

（二）六次产业理论下的系统设计

我国农业的结构性供需矛盾、资源环境刚性约束、劳动力持续流失等问题尤为突出，传统的农业发展方式难以为继。必须从发展农业第六产业的战略高度对科技特派员创业行动进行升级版的系统设计。（1）要推进一、二、三产业融合发展。（2）要用区块链和大数据云服务方法推进农产品和食品安全，推进现代农业的品牌建设以提升农业第六产的系统利润。（3）要注意人力资本的培育应用，特别是发挥农民和科技特派员积极性。要重视农民，大量的历史创造来源于农民，包产到户就是农民的创造。如果不是邓小平同志40年前把生产的权利、经营的权利交给农民，就没有中国改革开放的今天。忽视农民、轻视农民的思想和理念是根本性的错误。广大农民正是生产的实践者，从这个角度上说，不能否认农民的主体地位，不能否认农民的创造。把科技特派员和农民结合在一起将会形成新型的农民主体即职业农民，将会形成有助于发展农业第六产业实现城乡统筹、有助于参与市场竞争的农民法人主体——具有法人意识、法人运作能力、法人运作方式的新型农民。事实上，科技特派员正是这样新型职业农民的先锋部队。

三、运用创新驱动的理念推进科技特派员制度的发展

任何一个政府、任何一位领导都不可能设计出一套完美无缺的科

技特派员制度体系。最好的制度体系设计需要给执行过程中的每个主体留有一定空间。没有人能够代表市场主体进行竞争和创造，这个系统必须有利于市场主体的竞争，并要保护和支持市场主体的竞争，帮助市场主体控制风险、加速跨越竞争点。如果系统设计者取代了执行过程中的市场主体，那么这个系统一定是不可持续并且成本效益是很差的。一个系统最重要的是发挥主体自我的智慧、积极性和创造性，激励主体的自我行为，并将其有机地联系起来。在市场经济条件下，尤其是面对国际竞争因素，即使用很多资源、进行很大投入来解决农业问题，如果继续让势单力薄的农民在市场上孤军奋战，那么再多的资源投入也无法提高单一农民的市场竞争力。

以宁夏为例，宁夏的农村信息化工程，投入 2000 万元、花了一年时间就取得了跨越式的成果，这正是科技特派员机制产生的效果。如果系统本身存在着问题，即使投资很大，但收效甚微。做好科技特派员工作，不仅要设计好科技特派员系统，而且要给予系统各方面留有足够的发展空间，调动其积极性、激发其创造性。这就需要建立配套的科技特派员制度政策体系，这一政策体系必须能够调动农民积极性、调动科技特派员的积极性，激发科技特派员的潜能和拼搏精神，消除科技特派员的后顾之忧、全力以赴投入到农村一线，创新立业。

（一）体系设计要有利于发挥科技特派员的积极性和创造性

科技特派员制度是创新驱动体系设计的一个产物。如果谁认为自己设计了一个完美无缺的科技特派员体系，认为只要按照他提供的体系设计去做，就可以高枕无忧地解决目前存在的"三农"问题，那他一定忽略了其中重要的一项，就是一定要为体系设计预留空间。这个空间是留给谁的呢？是留给执行体系建设过程中的每个主体。如果说体系设计时要取代主体的主观能动性，那么这个体系肯定是不可持续的，而且肯定是高成本、低效益的。因此，体系设计最重要的是要发挥主体的自我智慧、自我积极性和自我创造性。若体系设计缺乏上述考虑，那么这个体系的设计是脱离实际的，是难以执行的，或者是执行效益不高的。特别是在市场经济条件下，尤其是在面对诸多国际竞争因素的条件下，无论有多少资源的投入，每遇到市场竞争，还会感觉到所拥有的资源相当匮乏，杯水车薪。在解决农业问题方面，回顾发展历程会发现一个很奇怪的现象，尽管进行了大量的资源投入，但事实上农民在市场中的竞争力却很薄弱，束手无策。显然，那些资源的投入无法通过这样一个狭窄的管道输入到市场竞争中。

因此，不仅需要把系统设计好，而且还需要在预留空间的同时，通过充分调动各方的积极性和创造性来加以完善。这就需要通过设计一整套能够调动农民和科技特派员积极性的政策体系，再具体一点，也就是可以调动科技特派员自身的积极性和创造性的、完善的、科学的政策体系来解决。科技特派员具有奉献精神固然好，但这不是我们所寻求的机制。因为强调奉献精神不能充分发挥他的潜能和拼搏精神，不能发挥他全力以赴的自我创造精神，不相容利益共同体更不能适应一、二、三产业系统经营。

（二）新时代科技特派员迎来历史发展机遇

随着中国改革发展进入关键阶段，农业、农村改革也面临着历史性考验。比如解决农村农业问题的主体究竟靠政府还是靠农民？如果认为还是靠政府，实际上又回到了 40 年前计划经济时代的思维。事实上 40 年前著名"包产到户"解决了农户生产经营权问题，也一举解决农民生计问题。但 40 年后的今天，农民的经营权虽然还在，却已不能完全满足"三农"的需求，解决农民收入和农村发展的问题。此时就需要植入科技这一关键生产要素，需要科技的支撑和引领，需要创新驱动。但是科技要素不可能孤立地进入农村市场，它伴随着现代农业发展。也就是说需要转变农业的发展方法，从传统的第一产业到发展农业第六产业。因此，实施科技特派员制度就是解决"三农"问题，吸引科技特派员进入农村经济建设发展农业第六产业主战场的一项战略性、系统性的创新实践。

党的十九大报告中提出实施乡村振兴战略。建立健全城乡融合发展体制机制和政策体系，加快推进农业农村现代化。构建现代农业产业体系和经营体系即农业第六产业的系统经营体系，完善农业支持保护制度，发展多种形式适度规模经营，培育新型农业经营主体，健全农业社会化服务体系，实现小农户和现代农业发展有机衔接。促进农村一、二、三产业融合发展，支持和鼓励农民就业创业，拓宽增收渠道。现代农业不同于传统农业，既需要延长产业链、提升价值链、完善利益链，更需要科技的支撑。科技特派员制度就是让农民合理分享全产业链增值收益的一种有效制度安排。

加强农业科技创新、特别是具有市场竞争力的农业六次产业化创新，是我国农业发展的根本出路。农业发展的根本动力就在于改革创新，最重要的战略举措是要实现一、二、三产业融合和城乡一体化发展。

解决"三农"问题，需要进一步的改革开放，其抓手是一、二、三产业融合发展即发展农业第六产业，而落脚点在于城乡融合发展。科技特派员系统设计正是城乡融合发展的重要举措。反过来说，城乡融合发展也正需要这样的科技特派员制度和创业。原有二元结构的行政系统与新系统之间的差距较大，而新的科技特派员系统可以促进生产要素的自由流动，可以构成不再具有城乡分割、部门界限的科技要素、信息要素、资金要素以及各种关键的生产要素，它们可以直接进入科技特派员体系，这也正是解决城乡融合发展最重要的突破性举措。所以从这个角度可以看出，科技特派员是体制和机制的创新，是土地制度的创新，是六次产业化和社会化、市场化的创新。科技产业化过程中的经营方式、经营组织不能靠单个农民，要靠科技特派员体系，靠科技特派员和农民结成的经济利益共同体。要想做强做大产业化还需要金融的配合，这又是第六产业科技金融体制的创新。这一系列的创新构成了现代农业发展的根本动力。

科技特派员机制可以实现生产要素的城乡一体化流转，实现生产方式一体化的组织，以及围绕生产销售良性循环过程的一体化的社会服务，从而解决了关键生产要素的流转、经营、交易；确定了关键生产要素中生产组织方式的城乡一体化农村新型经营主体；建立了围绕生产销售过程中以及整个一体化的服务体系，这就是城乡融合发展。

所以说，大家必须真正理解城乡统筹的具体含义和内在联系。从这一角度而言，城乡融合发展既是重大战略，又是一个规律性的动态过程，绝不是短时间内可以解决的，是一项长期而又艰巨的任务，需要在发展农业第六产业中不断推进。

四、运用六次产业理论创建科技特派员行动的平台和联盟

国务院推出科技特派员制度，这个制度的灵魂就是发展"新三农"，推动一、二、三产业融合。这正是"杨凌共识"。高校 39 家新农村发展研究院于 2015 年 8 月 20 日在陕西杨凌达成共识：高等学校新农村发展研究院协同创新战略联盟，致力于推进一、二、三产业融合，发展第六产业，深入推行科技特派员制度，协同打造中国特色的农业科技"大学推广模式"和"政产学研用合作模式"，系统解决食品安全问题，开创创新驱动城乡一体化发展的新途径。

(一)"星创天地"平台

"星创天地"是发展现代农业的众创空间，是推动农业农村创新创业的主阵地，以农业高新技术产业示范区、农业科技园区、高等学校新农村发展研究院、农业科技型企业等为载体，整合科技、人才、信息、金融等资源，面向科技特派员、大学生、返乡农民工、职业农

民等创新创业主体，集中打造融合科技示范、技术集成、成果转化、融资孵化、创新创业、平台服务为一体的综合平台。简单地理解"星创天地"就是一套社会化体系＋三大平台。打造"星创天地"就是在社会化统领下由政府、社会组织、市场同时推进，共同打造三大平台。三大平台就是科技金融平台、基于食品安全的云服务电商平台、"文化创意⊕"平台（品牌培育服务平台）。三大平台可以基于一个社会化的体系，由众多主体共同建设，每个主体都以最低的成本，以最大的强度融入、参与进去，享受其中的边际效益，享受融合效益。

这三大平台中，唯有科技金融平台是在过去的三次产业化中也需要建设的。只不过在六次产业理论指导下科技金融平台具有实体经济和虚拟经济协同效益，具有线上线下的网络效益，具有全产业链的系统效益。平台建设的途径不是孤立的，大家整合起来形成一个整体，整体的力量是不一样的。不是每一个地方都要投钱建立自己的资产的平台，要量力而行，因地制宜。你可以借用这个零边际效益的公共平台，获得零边际成本效益。每个平台大家都可以参与投资，也可以不参与。不过即使没有参与，也要积极地应用它。

（二）科技特派员和企业联盟

"星创天地"是推动农业农村创新创业的主阵地，是农村科技特派员的创业平台，是实现农业现代化、推动农业创新驱动发展、实现城乡融合发展的重要战略举措。"星创天地"的本质是指以园区联盟为基础，以新农村研究院联盟为基石的社会化服务的体系，在这一体系下打造第四产业"互联网⊕"的平台，第五产业"文化创意⊕"的平台和科技金融平台，在这样一个基于食品安全的电商平台和"文化创意⊕"平台之中，推动一、二、三产业融合，形成第六产业。我们可以设想一下，如果众多的"星创天地"形成创业联盟，它就织成了一张解决城乡融合发展的系统网络。农村的创业者、农业企业不再是单一的企业主体，这些创业者和企业形成贯穿一、二、三产业融合的产业联盟，形成城乡融合的第四、第五产业，以及依托传统一、二、三产业，利用第四、第五产业渗透培育出产业链延伸、价值增值的第六产业。我们可以预期，第六产业将来是解决城乡融合发展的关键产业和阳光产业。首先的突破口将集中在食品安全、健康、环境产业。

第十二章　展望：开拓创新经济学 *

本章探究了传统经济学理论的局限性，提出了创新经济学概念、理论内涵和方法论。传统经济学已经不能完全适应信息化知识化的创新时代全球化发展，也不能完全适应当前我国经济社会发展的需要，应大力开拓创新经济学，推动产业发展，从而推动我国经济转型升级和长期持续发展。

一、创新经济学概念的提出

当前，新古典主义仍然是传统经济学的主流学派，例如内生增长理论及人力资本模型等。从熊彼特开始的创新理论及演化经济学等，

---

* 本章内容源自张来武：《开拓创新经济学——在第十二届中国软科学学术年会上的讲话》，《中国软科学》2016 年第 11 期。本章内容作了进一步修改。

目前还只能算是非主流学派。熊彼特从一开始就坐冷板凳，新古典主义的经济学对创新就像一件紧身衣，它甚至把经济学定义为"研究如何在竞争结束后分配稀缺资源"。因此传统的经济学主要研究如何在价格调节的市场中进行商品交换，而创新是先生产更好的商品，然后再开发更好的销售渠道及模式，也就是说真正的问题是如何扩大经济供给潜力（使长期供给曲线更偏右边）。

正如诺贝尔奖得主菲尔普斯所言，现在是应该清算经济学的时候了。创新是人类成功应对各种挑战的唯一可能。从能源、食品、水资源到公共卫生、气候变化等，人类面临的挑战比以往任何时候都更加严峻和复杂。应对这些全球性挑战的唯一希望就是创新。推动经济走向可持续增长之路的最终手段也只有创新。这种创新，依靠传统经济学需求学派是不可能实现的。因为传统经济学把需求看成是自然的，都是自发的存在，把过度的基础设施都看成是需求的拉动，因此引导了我国40年来的基础设施无限度发展。一开始，基础设施的发展是必要的，但到了一定的程度，基础设施过度发展就会影响投资效率，阻碍创新的增长。因为土地的经济、基础设施的经济不需要太多的创新。以发展基础设施为主导，创新就不可能成为主流。类似的，供给侧政策停留在传统的经济学理论、新古典主义学派理论和三次产业理论，因此供给侧政策也未必能够解决问题。而且供给侧措施可能会抑制私人企业的投资积极性，从而导致经济的动力不足。

创新是整体的、全方位的。因此，我们提倡创新经济学。当然，我们不是简单地否定新古典主义，在三次产业理论中新古典主义还是非常有效的。但是在四、五、六产业中，新古典主义就过时了；在创新中，新古典主义是非常有局限性的。当然，我们应该认识到，过去的创新理论发展是滞后的，因此也就没能形成主流的创新经济学。这正是软科学应该有所作为的领域。软科学要适应创新时代的要求，就要去开拓由中国自己的学者引领的创新经济学。创新经济学不是把过去的主流、非主流经济学颠倒过来，而应以创新理论突破为引领，组合传统经济学，包括主流经济学和非主流经济学，从而产生新的创新理论和主流创新经济学。

二、创新经济学的理论内涵

创新经济学是以三螺旋创新理论为引领，由六次产业理论加上创新的人力资本理论、博弈论，再加上信息经济学构成。这里所说的博弈论特指合作博弈论，而不是纳什的非合作博弈论。这里的信息经济学不是传统的信息经济学，而是在云计算环境下，充分利用大数据和区块链的信息经济学。由于这些学科的重新集成、组合和创新，形成新的创新经济学。创新经济学是面向创新时代的经济学，是当下软科学研究的重要使命。

将创新经济学观点应用到目前中国经济转型当中去，应用到当前面临的很多问题中去，将会产生完全不同的思路。现有的经济学理论都很难适应信息化的时代。只有创新经济学能够阐明如何扩大经济供给，提高供给的质量。所以只有创新理论、创新经济学才是解决当下中国经济转型、经济下行的唯一可能的手段和体系。比如给出供给侧的正确内涵，即第四、第五产业的供给侧主要是知识、信息、人力资本、社会资本的供给侧。由于现有经济学理论的局限，目前全世界经济学家无法回答金融危机，无法预测金融危机，无法回答中国经济转型的问题，甚至无法回答为什么在过去几十年持续调整增长。所以在这种情况下，创新经济学亟须大力开拓。

创新经济学的本质突破是三螺旋创新理论和六次产业理论。六次产业理论是创新驱动的产业经济学。这里所说的三螺旋特指创新驱动三螺旋，由科学、技术、市场三螺旋在驱动创新。只有极少数简单的创新是线性的，大部分创新是非线性的，尤其很难用传统数学模式来表达。而三螺旋创新理论是在双螺旋创新理论上的突破和发展。

基于科学的创新是中国的短板。因为基于科学的创新，生产性科学知识直接进入生产，它需要人力资本的自由流动，就像货币一样自由流动。由此带来第五产业即文化创意产业，它与第四产业"互联网⊕"一起促进跨产业特别是一、二、三产业融合，创造了第六产业。

第五产业的第一个功能是谁能把第六产业的项目策划开发出来，并且变成可投资的第六产业项目，谁有这个能力谁就是在做第五产业，这需要人力资本直接运营，需要智慧的策划。第五产业的第二个功能，就是要能够把精神需求转化成市场定价。也就是说，在传统的一、二、三产业的经营中，生产线都不变，人财物一概不变，如何追求市场附加值的问题。这里附加值来源于第四产业带来的"零边际成本效益"，来源于把精神需求转化成市场附加值和系统经营策划的人力资本经营，这是第五产业的精髓。第六产业的精髓在于在三次产业经营以后，进行系统策划，再进行系统经营，进行第二次经营，分享这个基于产业融合的系统经营的利润，而不是去抢前三次产业基于产业分工的独立经营的利润。

三螺旋创新理论引领六次产业理论解决了产业经济学的突破。三次产业理论是脱农化的产物，是基于产业分工的工业化的产物。第四、五、六产业是信息化、知识化的产物，是产业融合的产物。因此信息化带来的是产业分工和产业融合的新进程，特别是产业融合，这一点传统经济学根本没有加以系统研究。

第六产业作为一个综合产业，它的经营特征体现在以下四个方面。第一，第六产业最本质的是系统经营，就是一、二、三产业经营之后可以合作再经营，这叫系统经营。第二，第六产业是一个合作网络，合作网络是指联盟和实体平台的有机结合，它也是线上线下融合经营。举例来讲，中国软科学研究会成立了国家农业科技园区创新联盟和39家高校新农村发展研究院创新联盟，并且成立了一个联盟基金群。这些做法都是要用合作网络来支撑系统经营，推动第六产业发展。这个合作网络不是传统的协会，它必须是真正的联盟和实体平台的有机结合，适应社会化、民主化、市场化、信息化、知识化的要求。第三，第六产业注重开放创新。创新从来都是开放的，人力资本从来都应该在单位开放，应该在国家间合作的基础上进行尽可能对等公平地开放。第四，第六产业是分享经济的重要组成。如果资源不共享，利益不分享，合作经营只能增加交易成本，而不能增加收益。如果能够在一个有效的合作网络支持下，充分利用开放创新的思维和资源，真正实现分享而又高效地进行系统经营，第六产业在中国的诞生和发展就为期不远了。目前我们正在按照这些原则来策划第六产业试点基地和可投资的项目。

无论是三螺旋创新理论还是六次产业理论，或是由此奠基的新的创新经济学，这都是系统性开拓创新。

三、创新经济学的方法论

做一件事没有工具，没有真正的世界一流的有分量的理论工具，很难把思想变成理论。要建立一套具有方法论创新定义下的工具，丰富创新经济学理论，使三螺旋创新理论和六次产业理论引领全球化发展需要的前沿理论发展。同时，要通过一系列创新经济学方法，解决中国面临的各种挑战和问题，如城乡二元结构问题、食品安全问题、医疗养老问题、生态文明问题等。

发展创新经济学理论，最重要的是要靠博弈论、云计算和区块链这两类新方法的组合运用。第一，创新经济学运用合作博弈论，是对经济学的颠覆性发展。博弈论是目前中国经济学界弱而又弱的东西，也是我们中国政府社会治理的短板。任何一种设计必须在一个系统中考虑到对方的博弈，才能制定出有执行力的政策。真正懂博弈论的中国学者太少了，中国会用博弈论的人更是凤毛麟角。博弈论是从数学开始的体系，一开始它只是一个工具。冯·诺伊曼和摩根斯顿合著了《博弈论与经济行为》一书，这标志着现代博弈理论的初步形成。纳什和沙普利等人把博弈论推向了极致，但是推向了两个不同的方向——合作博弈及非合作博弈。博弈论给传统经济学带来了极大的挑战，甚至是颠覆性的挑战。纳什和沙普利都是诺贝尔经济学奖获得者。纳什是非合作博弈的创始人。沙普利是现代合作博弈论的奠基人，他所带来的合作博弈体系方向完全颠覆了经济学。合作博弈的前提不是个性化而是集体化，它强调集体主义，跟经济学传统古典主义是冲突的。合作博弈又叫联盟博弈，它是正合博弈，实现共赢的博弈，因此它起源于沙普利的研究和公理化刻画。沙普利承认新古典主义，在此基础上并且基于一定的非合作博弈基础，开始公理化刻画，进而推出了一整套公理化理论。他不仅是在理论上刻画这样一个系统，而且能够证明这个理论是可用的。他用一个经典的案例作出了GS运算法则。这就是沙普利对合作博弈论的贡献。在此基础上，罗斯创造了实用经济学方法，推动博弈论成为实证经济学。罗斯推动了匹配理论和市场设计实践的结合。市场设计，顾名思义，即是在接近真实的、复杂的市场状况中，研究资源如何合理分配，以及如何设计合理的市场机制以达到这样的分配效果。上述经济学理论可以为第六产业的设计提供支撑。以后无论是搞第四产业、第五产业还是第六产业，都会涉及项目设计，涉及匹配理论和市场设计。如果说传统经济学以竞争为主线的话，那么创新经济学通过合作博弈，是自利和利他，竞争与合作更加和谐的一个经济体系。

第二，云计算对未来产业和社会发展带来显著效益。无论是第四产业高速发展，还是第四产业和第五产业的互动，以及第六产业的融合，都要靠云计算。云计算可以带来跨时代的效益，什么是云计算？仅把云计算理解为运算速度是远远不够的，每秒10万亿次的计算速度只是给云计算的基础的基础。云计算的概念首先是云，是网络，从互联网开始到物联网，云是无所不在的需求的系统整合。云的需求就包括来自各方完全不同的需求，前三次产业理论根本不能结合在一起的需求现在可以通过云计算放到一起，成为一个需求侧。云资源是供给侧，它包括云资源的供给、人力资本的供给等。这与新古典主义相比就有重大突破。云计算是基于互联网相关服务的增加使用和交互模式，云计算是未来系统经营的重要模式，也是软科学研究的一个新的重要方法。因此，云计算可以用来整合第四、第五、第六产业，是新的系统经营的商业模式、商业形态和经济形态。

云计算的定义有上百种，我们这里是参照美国标准技术研究院的定义，是按使用量付费的模式。在未来形成新的第四、第五产业互动之下，这种模式有助于形成新的供需界面。因此，云计算首先是一个供给侧产业，云计算供给侧的形成在一定程度上决定一个国家的竞争力。就像发展传统的三次产业，基础设施是竞争力的重要支撑一样。因此，从这个意义上讲，发展云计算方法，关键是从信息化 PC 到移动互联网，再到云计算这个新阶段的新的信息经济形态以及大数据的形成。数据资源是核心资源，大数据的方法对人力资本及未来人工智能的生长及应用也至关重要。

区块链或许将成为第六产业联盟系统经营的最重要的微观经济学新方法。区块链因其共识机制为企业联盟创造由企业节点共同制定的联盟的智能合约（不完全合约＋剩余经济控制权），确保系统经营的高效稳定。因此区块链使得以企业网络联盟为边界而不再是以企业为边界来研究市场竞争成为可能，也就是区块链方法可以研究企业联盟内部合作博弈同时合作进行市场竞争的微观经济行为规律，由此形成与六次产业理论相对应的创新微观经济学。

　　总之，如果我们能够利用上述方法发展创新理论，大力开拓创新经济学，就有望引领未来世界创新理论、创新经济学，进而引领创新社会学、创新教育学等的发展。发展创新经济学，也将有助于推动六次产业理论的发展。将创新的经济学理论运用于我国经济社会发展的实践，必将促进第四、第五产业高速发展，推动第六产业的再经营，催生大量新产业、新业态、新商业模式。加快实施创新驱动，大力培育新兴产业，我国一定能摆脱经济下行压力，成功实现经济转型升级，实现真正历史性的长期持续发展。

参考文献

［美］埃莉诺·奥斯特罗姆：《公共事物的治理之道——集体行动制度的演进》，余逊达、陈旭东译，上海三联书店 2000 年版。

［美］彼得·德鲁克：《创新与企业家精神》，蔡文燕译，机械工业出版社 2009 年版。

蔡达峰：《深刻理解创新驱动、转型发展的意义》，《上海市社会主义学院学报》2011 年第 3 期。

蔡敏、刘斐、王建华：《打破城乡二元结构又迈出历史性一步》，《新华每日电讯》2014 年 2 月 11 日。

［美］查尔斯·沃尔夫：《市场或政府》，谢旭译，中国发展出版社 1994 年版。

沈杰：《新兴产业与新产业分类法——兼评〈信息化与产业融合〉》，《上海经济研究》2004 年第 11 期。

陈季冰：《抵御凯恩斯主义的诱惑》，《青年时报》2010 年 11 月 15 日。

程郁：《日本发展"六次产业"的主要做法与启示》，《山东经济战略研究》2015 年第 11 期。

崔振东：《日本农业的六次产业化及启示》，《农业经济》2010 年第 12 期。

［美］道格拉斯·C.诺思：《经济史中的结构与变迁（中译本）》，陈郁等译，上海三联书店、上海人民出版社 1994 年版。

邓汉慧、邓璇：《发达国家农业现代化经验对我国农业发展的启示》，《农业经济问题》2007 年第 9 期。

韩俊：《基本公共服务均等化与新农村建设》，《红旗文稿》2007 年第 17 期。

168

韩顺法、李向民:《基于产业融合的产业类型演变及划分研究》,《中国工业经济》2009年第12期。

何安华、楼栋、孔祥智:《中国农业发展的资源环境约束研究》,《农村经济》2012年第2期。

[美] 亨利·埃茨科威兹:《国家创新模式:大学、产业、政府"三螺旋"创新战略(增补版)》,周春彦译,东方出版社2014年版。

胡洪议:《温州商会的地方治理意义研究》,浙江大学硕士学位论文,2008年。

[美] 杰里米·里夫金:《零边际成本社会———一个物联网、合作共赢的新经济时代》,赛迪研究院专家组译,中信出版社2014年版。

科萱:《科技特派员制度破解"三农"问题的成功探索》,《中国科技产业》2006年第8期。

孔祥智、周振:《发展第六产业的现实意义及其政策选择》,《经济与管理评论》2015年第1期。

李旭鸿:《十年后,谁来种地?》,《光明日报》2011年10月27日。

廖才茂:《经济发展方式转型难在哪里?》,《求实》2008年第5期。

刘志彪:《从后发到先发:关于实施创新驱动战略的理论思考》,《产业经济研究》2011年第4期。

[美] 迈克尔·波特:《国家竞争优势》,李明轩、邱如美译,华夏出版社2002年版。

宋刚、唐蔷、陈锐、纪阳:《复杂性科学视野下的科技创新》,《科学对社会的影响》2008年第2期。

宋刚:《钱学森开放复杂巨系统理论视角下的科技创新体系——以城市管理科技创新体系构建为例》,《科学管理研究》2009年第6期。

孙剑:《不能让利益集团挡住改革》,《中国中小企业》2012年第4期。

孙文:《论奥斯特罗姆的公共治理理论及其对中国公共治理改革的启示》,山东大学硕士学位论文,2011年。

孙先锋:《"互联网+"驱动创新发展新常态》,《中国联合商报》2015年3月23日。

王凤鸣、谢有光:《社会政策是"生产性要素"》,《光明日报》2008年6月4日。

王建:《资源瓶颈约束是经济发展最大障碍》,《中国投资》2013年第10期。

文贯中:《市场机制、政府定位和法治——对市场失灵和政府失灵的匡正之法的回顾与展望》,《经济社会体制比较》2002年第1期。

吴光芸、李建华:《社会资本视角下的区域公共治理》,《改革与战略》2011年第4期。

[美] 西奥多·W.舒尔茨:《改造传统农业》,梁小民译,商务印书馆2006年版。

向国成：《小农经济效率改进论纲：超边际经济学之应用研究》，《社会科学战线》2005 年第 4 期。

［美］熊彼特：《经济发展理论》，孔伟艳等译，北京出版社 2008 年版。

易鹏：《人民日报新论："新四化"新意在何处》，《人民日报》2013 年 1 月 17 日。

［美］约瑟夫·阿洛伊斯·熊彼特：《经济发展理论》，叶华译，九州出版社 2006 年版。

［挪］詹·法格博格、［美］戴维·莫利、理查德·纳尔逊主编：《牛津创新手册》，柳卸林等译，知识产权出版社 2012 年版。

张曾芳、张龙平：《产业链衍生：第五产业新说》，《江海学刊》2001 年第 1 期。

张红宇、杨春华：《让新型农民职业化》，《人民论坛》2007 年第 20 期。

张来武：《创新驱动"新三农"发展》，《求是》2013 年第 18 期。

张来武：《创新驱动城乡一体化发展》，《中国经济周刊》2014 年 12 月 15 日。

张来武：《创新驱动城乡一体化发展的理论思考与实践探索》，《中国软科学》2015 年第 4 期。

张来武：《科技创新驱动经济发展方式转变》，《中国软科学》2011 年第 12 期。

张来武：《论创新驱动发展》，《中国软科学》2013 年第 1 期。

张守营、吕昱江：《产业融合：让三次产业的边界愈趋模糊》，《中国经济导报》2015 年 7 月 8 日。

张维迎：《告别凯恩斯主义回归亚当·斯密传统》，《中国经济导报》2010 年 11 月 27 日。

张维迎：《没有企业家的创新就没有中国的经济》，《IT 时代周刊》2011 年第 Z1 期。

张忠利、刘春兰：《发达国家基本公共服务均等化实践及其启示》，《中共天津市委党校学报》2013 年第 2 期。

郑海元、卢佳友：《三次产业划分理论的现实缺陷及发展研究》，《时代财会》2001 年第 3 期。

周洁丘、黄相辉：《农业现代化评论综述——内涵、标准与特性》，《农业经济》2002 年第 11 期。

周振华：《科技宏观管理体制及机制如何变革与创新》，《学术月刊》2006 年第 1 期。

周振华：《新产业分类：内容产业、位置产业与物质产业——兼论上海新型产业体系的构建》，《上海经济研究》2003 年第 4 期。

朱述斌：《农产品价值链中市场信息不对称性问题探讨》，《商业研究》2010 年第 1 期。

朱星华、李哲、彭春燕、伊彤：《社会公益性科技项目的组织管理研究》，《中国科技论坛》2009 年第 10 期。

杨起全等：《调整我们的思路和政策：以创新驱动发展》，《科学发展》2010 年第 1 期。

Ken Nakano. The "Sixth Industrialization" for Japanese Agricultural Development. The Ritsumeikan Economic Review. 2014（3 4）: 314-326.

Robert D. Putnam，Robert Leonardi，Raffaella Y. Nanetti. Making Democracy Work: Civic Traditions in Modern Italy. Princeton: Princeton University Press, 1993.

Tor Selstad. The Rise of the Quaternary Sector. The Regional Dimension of Knowledge-based Services in Norway, 1970–1985. Norsk Geografisk Tidsskrift, 1990, 44 （1）: 21-37.

责任编辑：刘江波
助理编辑：魏 慧
封面设计：汪 莹
责任校对：吴容华

图书在版编目（CIP）数据

六次产业理论与创新驱动发展／张来武 著 . —北京：人民出版社，2018.6
ISBN 978－7－01－019425－7

I.①六… II.①张… III.①产业发展－研究－中国 IV.① F323

中国版本图书馆 CIP 数据核字（2018）第 124214 号

六次产业理论与创新驱动发展
LIUCI CHANYE LILUN YU CHUANGXIN QUDONG FAZHAN

张来武 著

人民出版社 出版发行
（100706 北京市东城区隆福寺街 99 号）

北京中科印刷有限公司印刷 新华书店经销

2018 年 6 月第 1 版 2018 年 6 月北京第 1 次印刷
开本：710 毫米 ×1000 毫米 1/16 印张：11.5
字数：124 千字

ISBN 978－7－01－019425－7 定价 42.00 元

邮购地址 100706 北京市东城区隆福寺街 99 号
人民东方图书销售中心 电话（010）65250042 65289539